経言の三心

観無量寿経講読XX

円日成道著

群萌学舎
永田文昌堂

表紙・カット　折口浩二

巻頭言

XIX（十九）巻を出したのが二〇一二年になるから、四年経つのであろうか。何とか二十三巻完結したいものよとの声を何人かの世話人から聞く。やっとXX（二〇）巻が出せることになる。うれしい限りである。

二〇一二年六月、円日先生は、お浄土へ還っていかれた。私たちにお浄土をお説き下さった先生がお浄土へ還っていかれた。今、還相される先生の話が聞きたい。

常に今生の疑謗の世界に身を置いて、仏さまの世界を語って下さった先生のことだ、「浄土もまた、あまり居心地のいい所ではないよ。そちらに還っていこうか」と。

どこまで行っても「本座を楽しまざる」（XIX）、よくよく業の深い私たち。「出離の縁無き」（XVII）この身により添って下さっているのではないかと、かってな想像をしてみたりする。

観経購読はあと三巻、これからは九品の世界に話しが進む。いよいよ私たちの出番だ。何とか後三巻、日の目を見せたいものである。それこそ先生の教化に報いんとする私たちに残された責務であろうかと思う。

私は十年くらい前からか、先生の影響を受けて俳句を作るようになった。先生は俳人でもいらっしゃる。自作の下手くそな句を毎週葉書に書いて送ったものである。先生のお孫さんが「この人少し頭が変なんでない」と笑ったそうである。先生は月に一句くらい返しの句を送って下さった。

その一句
布子着て　伊達の念仏三つ四つ
言い当てられて妙である。
最後にもう一つ、先生の楽しい詩を紹介して先生を偲ぶことにする。大経の「荷負群生為之重担」を、先生のあばずれ心が詩にされたもの。

荷負群生
六字からさえ
こぼれおちる
わが想い

六字よ
まいったか（XVII）
先生の息が聞こえる

今日から前住と呼ばれる身となって

『郡萌学舎』出版事務局　季　平　恵　海

目次

第二講

第三講

第一講

そもそも定善とは…

今日は、この学習会を始めて十年、やっと「定善」を終り、今回から「散善」に入ることになりました。

ふりかえって、あらためて定善とは、浄土の荘厳を観察することで「往生極楽の道を問ひきかんがため（歎異抄、聖典八三二頁）」にあったと申せるかと思いますが、もともと定善とは善導さまが申されるように「慮（おもんばかり）を息《や》めて心を凝《こ》らす」ということでありまして、往生極楽の道を問うというより、すくなくとも佛道を真剣に求めようとする者であるならば、だれでも散乱麁動《そどう》の日常生活から離れて、身心ともに安心立命の境地に至らんとする実践の方法であります。動乱やむことのない日常の生活を成佛という一点に集中することによって現実を越えていこうとする修行法であります。

人生が生老病死といわれ、それが避けることのできない道であるならば、かかる無常な人生を単に貪欲《とんよく》（むさぼり）瞋恚《しんに》（いかり）愚痴（ぐち）という煩悩のおもむくままに生老病死することから脱出して安住のさとりの境地を得ようとする、だれでもが心の奥底に深く願うものであって、必ずしも特別な人間だけが求めるようなものではなく、人間が人間であるかぎり普遍の道であるといえます。

たとえ享楽欲求《きょうらくよっきゅう》（利養《りよう》）や優越欲求（名誉）そして理念欲求（支配）などの満足のために奔走し、それらを手に入れることができたとしても、それらが遂には倦怠《けんたい》と虚無《きょむ》にしか結果しないものであることは、いままで人間の歴史が幾度となく教えてきたものであります。

だからこそ定善といわれる宗教生活は、人間が心の底から意識・無意識を問わず切に願い求めてきたものです。それは、平たくいえば、人間だれでもが精神生活とか宗教生活という名で表現してきたものであります。隠遁とか旅行なども、そのひとつの変形に近いものでありましょう。

そのように考えてきますと、観経で説かれていますと定善は、かかる人間が本来心の奥底に持っている定善への願望を、浄土を観想する行に転換して佛道（＝宗教）を他力浄土門の道として、人間普遍の宗教心を喚《よ》び起さんとした教えと申してよいでしょう。

そもそも散善とは…

おなじように今回から学んでまいります散善とは生・老・病・死・愛別離苦《あいべつりく》の五苦とか、それに怨憎会苦《おんぞうえく》・求不得苦《ぐふとくく》・五蘊盛苦《ごうんじょうく》を加えた八苦、そして大経にも出てきます苦苦・壊苦《えく》・行苦《ぎょうく》といわれる三苦の縁に翻弄される人間の心から脱けでることのできない心のままで、何とか善行をつみ悪業を避けて生活しようとするものの行のことです。善導さまが散善を「悪《あく》を廃《はい》して善《ぜん》を修《おさ》める」と定義される行であります。

だからといって、散善を求める生活が特別な生活者であるわけではありません。親が子供に「そんな悪いことをしてはいけません」といったり「えらいぞ、いいことをしたね」と云うように、善と悪を分別《ふんべつ》して、善を欲し悪を避けようと思うこころは、人間が自然に持っている本性といってもいいものです。それは人間のもっとも深い宿業《しゅくごう》にまで、その根を張っているのが善悪を分別する心ではないでしょうか。

親鸞さまも歎異抄《たんにしょう》のなかで「善悪《ぜんあく》のふたつ、総《そう》じてもって存知《ぞんじ》せざるなり。そのゆゑは、如来の御こころに善《よ》しとおぼしめすほどにしりとほしたらばこそ、善《よ》きを知《し》りたるにてもあらめ、如来《にょらい》の悪《あ》しとおぼしめすほどにしりとほしたらばこそ、悪《あ》しさをしりたるにてもあらねど…（歎異抄、聖典八五三頁）」と善・悪の基準が不可解であることを以上のように申されています。

先師のことばに「善とは幸福を感じ身の安らかさを感ずることができるような行為を善といい、悪とはそれによって不幸を感じ、たとへ他人の目から見れば幸福のように見えても自分自身はそれを感ずることができないような身心を受けることを悪という（金子大栄師）」といわれています。

何が善であるのやら、何が悪であるのやらといわれたのは清沢満之師でありました。

まあ、人間がなす善は、愛着や煩悩そして功利的、自己正当化の混在したものですから「有漏善《うろぜん》（煩悩が漏れている善）」、といわれ、それに対して如来の申される善は「無漏善《むろぜん》」で、幸福を感ずるとか不幸に悩むとかいう果報《かほう》のない善（等流果《とうるか》）だといわれます。善悪の定義については、私の能力を遠く越えるものですから、これくらいで勘弁ねがいます。

とにかく「悪を廃して善を修める」といいましても、浄土門佛教に限らないものであって、たとえば『**七佛通戒偈**《しちぶつつうかいげ》』は一切の佛教を総括した佛教すべてを、この一偈に攝《せっ》したものでありますが、『**諸悪莫作**《しょあくまくさ》**、衆善奉行**《しゅぜんぶぎょう》**、自浄其意**《じじょうごい》**、是諸佛**《ぜしょぶつ》**教**《きょう》**（諸**《もろもろ》**の悪**《あく》**を作**《な》**すこと莫**《なか》**れ、諸**《もろもろ》**の善**《ぜん》**を奉行**《ぶぎょう》**せよ、自**《みずか》**ら其**《そ》**の意**《い》**を浄**《きよ》**くせよ、**

是《こ》れ諸佛《しょぶつ》の教《おしえ》なり（出曜経《しゅつようきょう》）』といわれるように、浄土門佛教の専売特許ではありません。かえって自力聖道門佛教で主張されるフレーズであるといったほうが適切なものであります。

しかしながら善悪は自力・他力を越えて人間が常に人生における自己の行為の判断基準にするものですから、廃悪修善《はいあくしゅぜん》の道をも往生浄土の道に入る方便として、佛陀釈尊によって開示された教えであります。

善導さまは「これ一切衆生《いっさいしゅじょう》の機《き》に二種《しゅ》あり。一に定《じょう》、二に散《さん》なり。もし定行《じょうぎょう》によれば、すなはち生《しょう》（衆生）を摂《せつ》するに尽《つ》きず。ここをもって如来《にょらい》（釈尊）方便《ほうべん》して三福《ぷく》（世福・戒福・行福）を顕開《けんかい》して、もって散動《さんどう》の根機《こんき》に応《おう》じたまふことを明《あ》かす（七祖三八一頁）」と申されています。

この文は、前にも学びましたが、一切衆生を大別すれば二種類になるといわれているのではありません。一切衆生は千差万別、ひとりとして同じ人間は居ないのです。

善導さまがいわれているのは、その千差万別の衆生も、いざ佛道を歩まんと発《ほっ》起《き》したとき、その千差万別も二種類に大別されるのだといわれているのです。「一切衆生の機」が二種類に分けられるのであって、一切衆生はあくまでも千差万別なのです。機ですね、一切衆生が佛に向うとき、定善の機と散善の機の二種に分けられる、だから定善の行を説くだけでは衆生をことごとく攝《おさ》めとるわけにはいかない、散善の機は如来の救済からもれてしまうのです。

このゆえに、定善を学び終りました今、佛陀釈尊は三福九品といわれる散善をあらわして散心の根機に応じたもうのです。

それも一般佛教で説かれる廃悪修善の行を浄土に往生する道へと転換し、往生浄土の方便として顕開されたのです。

このようにして定散二善の機を救済されることで「広く浄土門を開く＝広開浄土門（聖典二二九頁）」と善導さまは申されたのであります。いいかえますと、浄土門佛教は佛教全体を定散二善に収めることによって浄土真宗の要門として六道に流転する衆生を如来の正機とされたのです。

佛陀釈尊も同罪

散善は韋提希の請求によるものではなく、佛陀釈尊が自ら開かれたものであると善導さまは「玄義分《げんぎぶん》」の「定散料簡門《じょうさんりょうけんもん》（七祖三〇六頁）」で答えておられます。「問《と》ひていはく、定散二善《じょうさんにぜん》はたれの致請《ちしょう》による。答《こた》へていはく、定善《じょうぜん》の一門《もん》は韋提《いだい》の致請《ちしょう》にして、散善《さんぜん》の一門《もん》はこれ佛《ぶつ》の自説《じせつ》なり。」と申されていることで明らかです。

そして更に散善顕行縁のところで『**また未来世《みらいせ》の一切凡夫《いっさいぼんぶ》の、浄業《じょうごう》を修《しゅ》せんと欲《おも》はんものをして西方極楽国土《さいほうごくらくこくど》に生《しょう》ずることを得《え》しめん。**（聖典九二頁）』とあるのが散善を佛陀釈尊が自開された証拠の文とされているのです（七祖三〇九頁）。

定善を韋提希が請求したのはわかるのですが、求める者もいないのに佛陀釈尊はなぜ散善を自ら開いて説いたのか、なぜ未来の凡夫にまで広く浄土の門を開こうとしたのか、極端にいうなら求めもしない者にまで、なぜ説かねばならなかったのか。

実は、そこに王舎城の悲劇がもたらした苦悩の深さがあったのではないでしょうか。家庭内崩壊事件といえばそのとおりですが、この事件は釈尊自身に重たく降りかかってきた事件です。

つまり韋提希が定善を請う縁となったのはその大きな因のひとつに釈尊の存在があったわけですね。この世に、それもマガダ国の王舎城・耆闍崛山《ぎしゃくっせん》に居られたこと、そこに佛教々団が存在し、ビンバシャラ王夫妻が親しく釈尊に帰依されていたばかりでなく、提婆達多も阿難も釈尊とは従兄弟の身であったということですね。釈尊が居られなかったら王舎城の悲劇はおこってはいなかったのです。王舎城の悲劇はアジャセ王子の国王への欲望であり、提婆達多の嫉妬心が原因といわれますが、釈尊のさとりも教団の存在も、この逆悪な事件を引きおこす縁になっていることは疑えないところです。

『**世尊《せそん》また、なんらの因縁《いんねん》ましましてか、提婆達多《だいばだった》とともに眷属《けんぞく》たる。**（聖典九〇頁）』と韋提希は釈尊に訴えましたが、これは単なる逆恨みではないですよ、事実ですからね。関係がないとはいえないですよ。

耆闍崛山のたくさんの聴衆をほおったまま飛んで王宮に行かれたのは当然でした。他人ごとではなかったのです。釈尊の頭に火がついたほどの事件だったのです。

『**佛《ぶつ》、耆闍崛山《ぎしゃくっせん》より没《もつ》して王宮《おうぐ》に出《い》でたまふ**（聖典九〇頁）』たのは当然のことでした。このあと佛陀の『**身《み》は紫金色《しこんじき》にして百宝《ひゃっぽう》の蓮華《れんげ》に坐《ざ》したまへり。目連《もくれん》は左《ひだり》に侍《はべ》り、阿難《あなん》は右《みぎ》にあり。釈《しゃく》・梵《ぼん》・護世《ごせ》の諸天《しょてん》、虚空《こくう》の中《なか》にありて、あまねく天華《てんげ》を雨《あめふ》らしてもって供養《くよう》したてまつる**』とありますが、この光景はまさに佛陀釈尊が出世本懐の説法を説かんとなさっている相好《すがた》です。すなわち、この光景は第七華座観で空中に往立される阿弥陀佛のお姿につながる伏線であったのです。

善導さまが序分の七つの縁のうち、ふつうだったら六事成就にあたるところを「化前縁《けぜんえん》＝釈尊が出世本懐の教化をなさる以前の由縁」と名づけられた趣意は、よく理解できるところですね。この観経が説かれる以前のすべての経典を観経説法の縁と位置づけられているのですから。

大無量寿経の真実は観経の方便をくぐってその真実が具体化・現実化されるのです。真が実になる、それが方便の用《はたら》きです。真実といっても現実の事件によって真実はその姿をあらわすのです。

化前縁のところで善導さまが「洪鐘響《こうしょうひび》くといへども、必《かなら》ず扣《たた》くを待《ま》ちてまさに鳴《な》る。大聖《だいしょう》（釈尊）の慈《じ》を垂《た》れたまふこと、必《かなら》ず請《しょう》を待ちてまさに説《と》くべし。ゆゑに『一時《いちじ》』と名づく（七祖三三九頁）」と。「洪鐘」とは大きな鐘ですが、これは大無量寿経をあらわすものでしょ。「扣く」というのは王舎城の悲劇によって説かれた観経ですね。あの『教行信証』の総序（聖典一三一頁）にあるとおりです。

つまり王舎城の悲劇によって人間を根源から問う宗教の世界が開顕されたのです。

佛陀釈尊の出世本懐の教を説かんとされている悲願には、ただ定善の機だけに止まらず散善の機をも内に包んでの出世本懐であるのです。定・散二善の方便によって、一切衆生の救済の普遍性は成り立つのです。それればかりではなく、佛陀釈尊の出世本懐は定・散二善の機に止まるものではなく、十悪・五逆・闡提《せんだい》（正法を誹謗する者、断善根）にも及んでの出世本懐です。「善人なほもって往生をとぐ。いはんや悪人をや（歎異抄、聖典八三三頁）」ですから。このことについては後で学ぶことになりましょう。

なぜ三福は正因なのか

さて、善導さまは、その『散善義』の冒頭で「三福（世福・戒福・行福）正因」

と「九品正行」の二義を開かれて次のように申されています。

「(定善義の)次に三輩散善《ぱいさんぜん》一門《もん》の義《ぎ》を解《げ》(説)す。この義《ぎ》の中《なか》につきてすなはちその二あり。一には三福《ぷく》を明《あ》かしてもって正因《しょういん》となす。二には九品《ぼん》を明《あ》かしてもって正行《しょうぎょう》となす(七祖四五二頁)」と。

ここで問題なのは、三福は散善の行であって正因ではないのではないか、という疑問です。善導さまご自身が散善顕行縁のところを解説されるのに「三福の行(七祖三八〇~三八一頁)」といわれ「『**まさに三福《ぷく》を修《しゅ》すべし**』というは総《そう》じて行門《ぎょうもん》を標《ひょう》す(仝上)」と申されていたのですから。「散善顕行縁」と善導さまが名づけられた名称にしても、散善の行を顕《あら》わす縁であって三福が正因であるはずもないのです。

この疑問を解く鍵はどこにあるのか、ずっと不審のまま迷ってきました。実はその鍵が定善の第十三雑想観にあると気づいたのは、ごく最近のことです。

定善の観法はいうまでもなく器《き》世間である依報《えほう》と衆生《しゅじょう》世間である正報《しょうほう》、つまり依正二報を行者自身の心に観想することが説かれているのですが、最後の雑想観で観法の成就は凡夫のままでは成就できないことが明らかにされているのですわ。

『先《さ》きの所説《しょせつ》（浄土の依正二報のこと）の如《ごと》き、無量寿佛《むりょうじゅぶつ》の身量《しんりょう》は無辺《むへん》にして、これ凡夫《ぼんぶ》の心力《しんりき》の及《およ》ぶところにあらず（聖典一〇七頁）』といわれている経文がそれです。

続けて『**しかるを、かの如来《にょらい》の宿願力《しゅくがんりき》のゆゑに憶想《おくそう》することあらば、かならず成就《じょうじゅ》することを得《う》**』と説かれているのです。しかし、そこにも『**憶想することあらば**』という条件がついているのを充分に読みこんでいなかったのです。この『**憶想する**』ことこそ、善導さまが定善を定義されて「慮《おもんばかり》を息《や》めて心を凝《こら》す＝息慮凝心」そのものではなかったのかということです。

さきほどから佛陀釈尊の出世本懐は、定善の機の救済のみにとどまらず、散善の機もまた出世本懐の中にあるものだと申しましたが『憶想』できぬ散善の機が捨てられてしまうのは当然のことですね。

ここにあらためて定善につづいて散善が説きだされる理由があるわけですが、あらかじめそのもととなるのが散善顕行縁で学びました三福の行（世福・戒福・行福）でありました。もともと、この三福の行は聖道門佛教においては往生浄土の正因とは考えられてはいなかった、それは当然のことです。

この三福の行を往生浄土の正因と転換せしめられたのが、散善顕行縁の末尾の経言なのです。『**汝《なんぢ》いま、知《し》れりやいなや。この三種《さんしゅ》の業《ごう》（三福の行）は、過《か》去《こ》・未来《みらい》・現在《げんざい》（の）、三世《さんぜ》の諸佛《しょぶつ》の浄業《じょうごう》の正因《しょういん》なり**（聖典九二頁）』です。意訳しますと「韋提希よ、あなたは知っているかどうか。諸佛がたがまだ佛に成られない菩薩でおられたときは、この三福の行を修めることで悟りのための正因とされていたのである」となりましょう。この場合の悟《さと》りとは、もちろん成佛であり、自力聖道門でいう成佛です。ですから凡夫であっても、この三福の行をしっかりつとめて成佛のための正因とせよと申されているのです。

三福の行を往生の正因に転換

この『浄業《じょうごう》の正因《しょういん》』を善導さまは、往生浄土の正因と読みとられたのです。聖道門でいわれる成佛の正因を転換されて往生浄土の道とされたのです。その証拠は「それ、聖《しょう》（自力聖道門）を引《ひ》きて凡《ぼん》（夫）を励《はげ》ますことを明《あ》かす（七祖三八七頁）」という善導さまの文言です。本願寺の意訳の七祖聖教・中巻・善導篇一一三頁では「三世諸佛の例を引いて凡夫をはげますことを明かす」となっています。

つまり三世の諸佛がた（聖）は三福の行を一所懸命に実行されて成佛のための正因とされたのであるからして、未来世の一切の凡夫も、この聖者がた（諸佛）のように頑張りなさいといわれたのだと。

ところが善導さまは「聖を引きて凡を励ます」といわれたあと、続けて「ただよく決定《けつじょう》して心《しん》を注《とど》むれば、必《かなら》ず往《ゆ》くこと疑《うたがい》なし（七祖三八七頁）」と云われるように『**浄業**』を往生極楽の業因と読みとられたのですから、そう読めば、ここでいわれている諸佛とは阿弥陀佛ということになるのです。阿弥陀佛にかぎられることになるわけですね。極楽ですから。

なぜなら聖道門佛教であれば、浄業は三福の行であって成佛のための行であり、往生極楽の業因ではない。往生極楽の業因なら、それは阿弥陀佛の本願に限るのです。

三福にはいろいろな行がありましたね。散善顕行縁で学んだところです。それらを、すべて往生極楽のための正因とする意味で「三福正因」といわれたのです。そうしますと、三福の行も、

親鸞さまが読まれたように「自力の散善は、他力念佛を顕わす縁（聖典三八八頁、欄外註）」となるのです。

なお蛇足ですが、親鸞さまは「弥陀を諸佛と申《まう》す。過度人道経（大経の異訳）の心なり」と左訓されていることを申し添えておきましょう。これは親鸞さまの『浄土和讃』のなかの女人成佛の願（聖典五六七頁）を讃歎《さんだん》されたところに出てくるものです。

散善の機は、どうすれば往生浄土の道を歩むことができるのか、そのもととなるのが序分の散善顕行縁における三福の行だったわけで、これを往生浄土の正因と位置づけ、それを散善の九品をもって正行と押えながら下品下生に至って念佛へと誘引されていく、転換されていく、その意味で「三福を明かしてもって正因となす。九品を明かしてもって正行となす」と善導さまは申されたのであります。

三福の復習

話が前後しましたが、三福の復習をしておきます。三福といわれますから散善は大別して三種あるわけです。

第一の福は世俗における善根と名づけられるものです。世福といわれます。「福」は善根を実践することで幸福になる意味と理解してよいと思います。

(1) 父母に孝養をつくす　『**孝養父母**《きょうようぶも》』

(2) 師長に奉事す　『**奉事師長**《ぶじしちょう》』

(3) 慈心にして殺さず　『**慈心不殺**《じしんふせつ》』

(4) 十善業を修す　『**修十善業**《しゅじゅうぜんごう》』

第二の福は戒善と名づけられる善根です。

(1) 三帰を受持す　『**受持三帰**《じゅじさんき》』

(2) 衆戒を具足す『具足衆戒《ぐそくしゅかい》』
(3) 威儀を犯さず『不犯威儀《ふぼんいぎ》』
第三の福は行善と名づけられる善根です。
(1) 菩提心を発す『発菩提心《ほつぼだいしん》』
(2) 因果を深信す『深信因果《じんしんいんが》』
(3) 大乗を読誦す『読誦大乗《どくじゅだいじょう》』
(4) 行者を勧進す『勧進行者《かんじんぎょうじゃ》』

善導さまは、この三福を解説されたあと、「三福《ぷく》ともに行《ぎょう》ぜざるものをすなはち十悪《あく》・邪見《じゃけん》・闡提《せんだい》の人《ひと》と名《な》づく（七祖四五三頁）」と申されて、三福それぞれの意味を教えてくださっていますが、佛陀釈尊の出世の本懐はこの十悪（十善に対するもの）・邪見・闡提をも包んでというより、この十悪・邪見・闡堤に焦点を合せて説かれたのです。佛陀釈尊の散善自開の本意はここにまで及んでいるのです。一闡《いっせん》闡提《せんだい》はサンスクリット語のイッチャンテイカ（icchantika）の音写です。

提迦《ていか》とも音写されます。漢訳では断善根、信不具足といいます。世俗的な快楽に執着して出離を求めることのないもの。正法を信ぜず、さとりを求める心がないもの。大経には『**唯除五逆《ゆいじょごぎゃく》・誹謗正法《ひほうしょうぼう》＝唯、五逆と正法を誹謗するをば除く**（聖典一八・四一頁）』といい、親鸞さまは「広大《こうだい》の心行《しんぎょう》（無辺の徳をもつ他力回向の信心と念佛）、ただ逆悪闡提《ぎゃくあくせんだい》を引《いん》せん（救わん）と欲《おぼ》してなり。（聖典四八四頁）」といわれています。

十一門

さて、善導さまは以下散善で説かれます上品上生《じょうぼんじょうしょう》から下品下生《げぼんげしょう》までの九品の機類を十一門に分けて、この散善の行を実践するものに解《さと》りやすく識《し》りやすくされたいと願われて、総じて見れば一品一品の中に、十一の共通する意味があるのを見てとられ、キチンと分類することはできないが、そこは隠《かく》されたり顕《あら》わされたりしているのであって、その道理によれば九品全体にわたって十一に分類されるといわれています。

そこで、その十一門を別示して一覧表を作ってみました。（巻末参照）九品全体を総監するのに便利かと思います。たとえば、これこれの経文は十一門中の第なん門に入るのであろうか、またこの門にあたる経文はどこに隠され、どこに顕わされているのだろうかとか、できればそれぞれがこの十一門の中に九品の経文を入れる作業をされたらよいと思います。ひとつの例として参考にしてみてください。

さて経文に入りましょう。

上品上生

善導さまは、この上品上生を十二段に分けてありまして、その第一段の経文は、

『佛《ぶつ》、阿難《あなん》および韋提希《いだいけ》に告《つ》げたまはく』です。十一門表では、段は漢字の数字で現わしています。

王舎城の王妃・韋提希が佛陀におねがいしたのは、もちろん定善であって散善ではありません。それなのに、なぜ韋提希も阿難とともに名ざしされたのでしょうか。

いうまでもなく彼女は王舎城の悲劇という、あのような窮地に立って**『我《われ》に思《し》惟《ゆい》を教《おし》へたまへ、我《われ》に正受《しょうじゅ》を教《おし》へたまへ**（聖典九一頁）』と、阿弥陀佛の観察の方法と、その正しい受取り方を願ったのでありましたが、その彼女自身が願った問の深い意味は、彼女自身の思いもおよばないものであってですね。その観佛の問の意味するものが佛陀釈尊の本意にかなったものであったことは、この時点では到底彼女には解らないものでした。

つまり経文でいいますなら、その彼女の問が出たとき**『世尊《せそん》、即《すなは》ち微笑《みしょう》したまふ**（仝頁）』と表現されているように、その**『微笑』**された釈尊のみ心は、彼女にしてみればとても想像できるものではなかったのです。

ところが、そのあと経文は『そのとき世尊《せそん》（は）、韋提希《いだいけ》に告《つ》げたまはく「汝《なんじ》、いま、知れりや否《いな》や。阿弥陀佛《あみだぶつ》、ここを去《さ》ること遠《とお》からず』と申されたあと『汝《なんじ》、まさに念《おも》いを繋《か》けて』とか、『われいま汝《なんじ》がために広《ひろ》く諸々《もろもろ》の譬《たとえ》を説《と》き…』と、三度にわたって『汝』と呼びかけられながらも、その『汝』が『未《み》来世《らいせ》の一切《いっさい》の凡夫《ぼんぶ》（聖典九一頁）』へと拡がってきまして、それが定善示観縁になりますと『いま韋提希《いだいけ》および未来世《みらいせ》の一切衆生《いっさいしゅじょう》を教《おし》へて西方極楽世界《さいほうごくらくせかい》を観《かん》ぜしむ（聖典九二頁）』と、韋提希だけでなく『一切衆生』へと、説法の相手がスライドしていることに注意せねばならない、このことは、もはや学んだところです。

このことは何時のまにか、彼女の心にも意識されることとなって、ついに彼女の口からも『もし佛滅後《ぶつめつご》の諸々《もろもろ》の衆生等《しゅじょうとう》、濁悪不善《じょくあくふぜん》にして五苦《ごく》に逼《せ》められん。いかんしてか、まさに阿弥陀佛《あみだぶつ》の極楽世界《ごくらくせかい》を見《み》たてまつるべき（聖典九三頁）』という問にまでなったのでした。

華座観になりますと、この彼女の問は彼女自身の深い問題意識になっていまして『**未来**《みらい》**の衆生**《しゅじょう》**まさにいかんしてか、無量寿佛**《むりょうじゅぶつ》**および二菩薩**《ぼさつ》**を観**《み》**たてまつるべき**（聖典九八頁）』とまで云われていることでも領解できることです。

このようにして韋提希の信心の内実は、華座観において無量寿佛に出遇ったら、それで万事円満解決といわれてすむものではなくなっているのです。いいかえるなら彼女の信心の「自覚」はそのまま「覚他」の道心となり、さらには「覚行窮満《かくぎょうぐうまん》（七祖三〇一頁）」という成佛の道（＝往生極楽の道）にまで深まり成長してきているのです。

このように韋提希の信心の歩みを見てまいりますと、この第一段にあたって、佛陀釈尊は阿難だけでなく韋提希も共にその名を呼びだされたのは当然のことだったのであり、これこそが大乗佛教の道であることを、われらは肝に銘ずべきことであります。

散善は佛陀釈尊が自ら開き説かれたものであることを否定するわけではありま

せんが、釈尊が韋提希に関係なく勝手に開示されたものではないのであって、散善自開ということも彼女の心底の隠れた深い欲求に応じたものであることを忘れてはならないと思います。

韋提希は定善の根機か？

韋提希にしてみれば、あのような悲劇以前からも、大王と共に佛法を聴聞していたという因縁もあり、そして悲劇によって現前の王宮での生活が何もかも崩壊してしまって、もはや自身のいのちすら風前の灯火のごとき絶望のもとでは、定善を釈尊に請い願ったのは至極当然のことであったと思います。

しかし振りかえってみますと、彼女が定善を請願したからといって、はたして彼女が定善の根機であったかどうかは、すぐに断定できないことです。

例外があるにしろ、われわれは家庭を持ち妻子をかかえて日常生活の中では、あちらに気をとられ、こちらに心をわずらわしながら散乱麁動《さんらんかどう》の日々を送っていますからこそ息慮凝心といわれるような定善の生活に憬《あこ》がれるのではないでしょうか。世塵《せじん》をはなれて心やすらかな生活を夢みるのも、その散心の生活から脱け出たい欲求が定善を求めるのではないでしょうか。独身の者とて同じです。

そう考えますと韋提希が定善の教えを求めたのは、逆に申せば散乱麁動の根機であり、心が千々に乱れているが故に、心しずまる生活を願ったともいえるのです。

そこで釈尊は光台現国《こうだいげんこく》を通して彼女に**『我《わ》れいま極楽世界《ごくらくせかい》の阿弥陀佛《あみだぶつ》の処《みもと》に生《うま》』**れたいという、定善を求める彼女の心を浄土への願生心へと転換させられたのであります。

韋提希が定善を請求したから定善の根機であると決めつけるわけにはいかないのです。かえって人生の危機に出会って心乱れる散善の根機だからこそ定善を求めたともいえるのではないでしょうか。人間は自分の能力以上のものを求めてやまない存在ではないでしょうか。その意味では人間はあくまでも夢みる存在です。いのち尽きても夢を追いかける存在です。

そのことを佛陀釈尊は知りつくしておられるからこそ、彼女の願いにこたえて定善の教えを説かれたのです。「あなたは息慮凝心の器（定善の機）ではないから駄目だ」とは申されないのです。ここにも雑想観で学びました佛陀釈尊の神通力の如意《によい》なることがあらわれていると思われます。韋提希の意の如く、彼女の当面の請求に応じて定善である息慮凝心の法を、佛陀釈尊の意の如く浄土への願生心へと転換せしめられたのですね。

金子大栄師は、そこのところを次のように教えてくださっています。引用しましょう。

「そこで釈尊は、その当面の（彼女の）要求に応じて定善の法を教えられたのです。しかして韋提希は釈尊の教えに引きたてられ、釈尊の念力に引きたてられて定善観を行じて、目のあたりに佛を観、浄土を観るような心持ちになるのであります。けれども釈尊を離れ佛の念力を離れて、本来の自分に帰ってみれば、韋提希は息慮凝心の器ではないのでありましょう。それを釈尊がちゃんと見ぬいておいでになるから、更に散善が説かれたものと見らるるのであります（観経講話三六六頁）」と。

このように王舎城の悲劇ゆえに彼女は定善を求めたのですが、決して彼女は散善と無関係ではないのであって、散善の一門は佛の自開ではあっても、そこは佛の神通如意《じんつうにょい》なる念力によって彼女に定善を説かれたので、あえて云いますならば、散善の教えこそ、そして念佛の教えこそ彼女にふさわしい教えであると申すことができるのであります。

限りなき歩み

このように考えてみますと、佛法を求める機に散善と定善の二機があるわけですが、その順序次第はお互いに交錯するものであって、どちらが先きでどちらが後というものではなくて行者それぞれその行者の縁によるものであろうと思います。観経では定善から散善へと移行する順序次第になっておりますが、縁によっては散善から定善へと求道の歴程が逆になる場合もあるわけです。

いやいや、振りかえって観経を読みかえしてみれば、王舎城の悲劇におけるように韋提希は世俗の倫理的善悪において、悪を廃して善を修めんとつとめた結果に、絶望したあげく定善を求めることになったことを思えば、もちろんそれは求道の上での廃悪修善、つまり散善の行ではなかったにしろ、人間は善悪を判断する生活のあり方から脱《のが》れて静寂な生活に一種のあこがれを持つという点から申しましても「散善」的生活から「定善」的生活へという次第を通るものだとも云うことができると思います。

さきほども、ふれましたように、定善とか散善とかいいますと、特別な人びとのみが求めるものであって、世間一般の生活には関係がないもののように考えられがちでありますが、決してそうではないのですね。すくなくとも、たった一回かぎりの人生を誠実に生きようとするかぎり、だれでもが心の底から求めてやまないのが定善であり散善であるのです。

善導さまは、韋提希が無生法忍《むしょうぼうにん》といわれる信心を得たのは華座観《けざかん》においてであるといわれています。華座得忍《とくにん》ですね。しかしながらそのとき彼女の口から発せられた言葉は『**未来《みらい》の衆生《しゅじょう》まさにいかんしてか、無量寿佛《むりょうじゅぶつ》および二菩薩《ぼさつ》を観《み》たてまつるべき**（聖典九八頁）』というものでした。信心は信心で終らないのですね。彼女の信心は彼女自身のみにとどまらず『**未来衆生**』を「われら（聖典七〇八頁）」とする信心だったのです。

如来の本願が彼女において成就すれば、その本願は成就した本願力となって無限に展開していく、そのことを彼女の言葉は明らかに物語っているのです。彼女の願生心の成就はさらに新たなる願生心を生んでいくのです。『**未来の衆生**』は、彼女の信心においてもはや他人ではないのです。願生心が成就すればそれで一件落着では終らない、それは「得生《とくしょう》の想《おもい》（七祖四六四）＝必ず浄土に往生できるという想い」となって、更なる成就した願生心となるのです。

帰敬偈《ききょうげ》

善導さまの『観経疏』の冒頭に「帰敬偈」という漢詩があります。「勧衆偈《かんしゅげ》」といったり「十四行偈《じゅうしこうげ》」とも呼ばれていますが私はそれらをとりません。「帰敬偈」、そのはじめに

「道俗《どうぞく》の時衆等《じしゅうとう》、各々《おのおの》無上心《むじょうしん》を発《おこ》せども、生死《しょうじ》甚《はなは》だ厭《いと》ひ難《がた》く、佛法復《また》欣《ねが》ひ難《がた》し。共《とも》に金剛《こんごう》の志《こころざし》を発《おこ》して、横《よこさま》に四流《しる》を超断《ちょうだん》すべし（七祖二九七頁）」とあります。

四流とは欲・有・見・無明の四種の煩悩のことで、それを四つの暴流《ぼうりゅう》にたとえたものです。四暴流《しぼる》といいます。

この偈文で注目しなければならないのは、「各々、無上心を発」すということと「共に金剛の志を発」すという文言です。この文言のあいだにあるのは「生《しょう》死甚《じはなは》だ厭《いと》ひ難《がた》く、佛法《ぶっぽう》また欣《ねが》ひ難《がた》し」という文言です。「無上心」も「金剛の志」も、ともに菩提を求める心です。求道心のことです。

ここで是非とも思いおこしてほしいのは、『歎異抄・第九条・（聖典八三六〜八三七頁）』の、親鸞さまとその弟子・唯円《ゆいえん》の問答のことです。

「念佛申し候へども、踊躍歓喜《ゆやくかんぎ》のこころおろそかに候《そうろ》ふこと、またいそぎ浄土へまゐりたきこころの候はぬは」どうしたことでしょうかと、恥をしのんで親鸞さまに唯円がたずねるところから始まります。

唯円からこのような問が起されたということは、何年前かは分りませんが、かつて念佛こそがわが歩む道だと感動して「踊躍歓喜の心」をも起し、「急ぎ浄土へ」の道をも歩きはじめた人だからこそ起された問であることをまず確認しておかねばならないのです。はじめて佛法を聞く人には起しようもない問ですね。昔、一度はこの道ひとつと心に決定した人が時の経過とともに、その感動も冷えきり浄土への道と聞いても歓喜の心が起きなくなってしまった人が問わずにおれなくなって問うた不審なのです。

それが、『歸敬偈』で「各々《おのおの》、無上心を発《おこ》せども…」という文言です。「生死《しょうじ》甚《はなは》だ厭《いと》ひ難《がた》く」は「浄土へ急ぎまゐりたき心の候はぬ」ということであり、「佛法また欣《ねが》ひ難《がた》し」は「念佛申し候へども踊躍歓喜の心おろそかに候ふこと」なのです。欣《ねが》うはまた欣《よろこ》ぶともいう文字ですからね。

この唯円の問に対する親鸞さまの返事は、ご存知のように「親鸞もこの不審ありつるに、唯円房おなじこころにてありけり」という答でした。唯円は予想もしなかったこの答におどろいたと思います。その「不審」を親鸞さまは煩悩の故だと申されるのですが、別の親鸞さまの言葉を引用すれば「信順《しんじゅん》を因《いん》とし、疑謗《ぎぼう》を縁《えん》として、信楽《しんぎょう》を願力《がんりき》に彰《あらわ》し、妙果《みょうか》を安養《あんにょう》に顕《あらわ》さん（聖典四七三頁）」です。唯円の「不審」は「疑謗」にあたるものでしょうが、本願疑惑からの解放は人間の努力では一分一厘も不可能であって、親鸞さまの「しかるに佛《ぶつ》かねてしろしめして、煩悩具足《ぼんのうぐそく》の凡夫《ぼんぶ》と仰《おお》せられたることなれば、他力《たりき》の悲願《ひがん》はかくのごとし、われらがためなりけりと知《し》られて、いよいよたのもしくおぼゆるなり（聖典八三六～八三七頁）」といわれる文言が、この「不審」からの解放の唯一の道であることを示しています。つまり不審からの解放が如来廻向のはたらきであることを教えているのです。

親鸞さまの『愚禿鈔《ぐとくしょう》』（聖典五一九～五二〇頁）によると「無上心」を自利真実＝自力の菩提心、「金剛の志」を利他真実＝他力の菩提心といただかれているように読めますが、そのように読みとるには、あまりにも安易な領解ではないかと思われます。

この善導さまの偈文で注目したいのは「各」と「共」の文言です。「各」は時代社会を捨象した「われ」であり、「共」は時代社会を生きる「われわれ」のちがいとして読みたいと思います。「われ」と「われわれ」を不二とする「われら」、このことは度々申してきたところです。千差万別の絶対個としての「われ」を因とし、時代社会の「われわれ」を縁として生きる「われら」ですね。この「われら」を身というのではないですか。単なる心（識）だけではない、この身にたまわる菩提心を「金剛の志」といわれるのではないですか。

善導さま、そして親鸞さまがいただかれた信心（＝金剛の志）は単なる「われ」にとどまらない、『**未来の衆生**』をも「われら」とする信心です。「各発」と一如なる「共発」の信心。理由は簡単です。「われ」は身・土を「われら」として生きる存在だからです。

重ねて申しますが、散善の一門は佛陀釈尊の自開だといわれますが、それは韋提希にとって決して他人ごとではないのです。善導さまが佛を定義して「自覚《じかく》・覚他《かくた》・覚行窮満《かくぎょうぐうまん》（七祖三〇一頁）」と申されますように自覚は自然の道理として覚他と不二なるものであり、覚他を抜きにした自覚はありえないもの、自覚・覚他の歩みが成佛（浄土門仏教では往生浄土の歩み）を実現するのです。これが浄土門仏教の利益に他なりません。

現在、宗門の課題である信心の社会性は、私流にいうなら信心の身土性こそ佛陀釈尊が自開された本意であるがゆえに、阿難とともに韋提希をも共にその名をあげて告命《ごうみょう》されたのです。『**佛《ぶつ》、阿難《あなん》および韋提希《いだいけ》よ**』と、ですね。

次へ移りましょう。第二段です。

九品唯凡

『上品上生《じょうぼんじょうしょう》といふは』

第二段の経文はこれだけです。善導さまはこの第二段を「その位《くらい》を弁定《べんじょう》することを明《あ》かす。これすなはち大乗《だいじょう》を修学《しゅがく》する上善《じょうぜん》の凡夫人《ぼんぶにん》なり（七祖四五四頁）」と申されています。聖者ではない、凡夫だと。大乗仏教の縁に出会い、それを修学する凡夫です。「十一門」でいいますと第二門です。凡夫だけど大乗の上善の部類に入る縁に出会った凡夫。

上品上生だけでなく上品中生も上品下生も大乗に出会った凡夫です。散善顕行縁のところの三福（世福・戒福・行福）にいう「行福」を修学する凡夫です。

そこの行福とは重複しますが①発菩提心②深信因果③読誦大乗④勧進行者の四項でしたね。ところが、この上品上生に出てくる行福は、①慈心にして殺さず、諸々の戒行を具す。②大乗方等経典を読誦す。③六念（念佛・念法、念僧、念戒、念捨、念天）の修行でありまして両者間には増減がありますね。

しかし、あとで学びます上品中生・上品下生も「大乗《だいじょう》次善《じぜん》の凡夫人《ぼんぶにん》（七祖四七五頁）」、であり「大乗《だいじょう》下善《げぜん》の凡夫人《ぼんぶにん》（七祖四七八頁）」でありますから、散善顕行縁の『**因果《いんが》を深信《じんしん》す**』には上品中生に同じ経言（聖典一〇九頁）があり、おなじように『**菩提心《ぼだいしん》を発《おこ》す**』には上品下生に『**無上道心《むじょうどうしん》を発《おこ》す**（聖典一一〇頁）』という同意の経言があるわけです。また散善顕行縁の『**行者《ぎょうじゃ》を勧進《かんじん》す**』には、上品上生の『**六念《ろくねん》を修行《しゅぎょう》す**』の中の『捨＝布施』に含まれるものでありますから、散善顕行縁の行福の四項は上品上生から上品下生の中に、みな含まれているわけです。

いいかえますと、散善顕行縁であらかじめ教えられる行福は、大乗仏教における散善の行を意味するわけですから、上品上生から上品下生の中にすべて含まれているばかりか、より詳細に教えられているわけです。

さて繰りかえし申しますが上品上生から下品下生までの九品全体を善導さまは凡夫と定義されました。他の聖道門諸師方と根本的にちがう人間観であります。

しかしその凡夫にも修める行には種々の差別があるのです。この差別は縁によるものであって凡夫であることにちがいはないのです。縁によって上善・次善・下善等の差別があるのです。このことは中品以下もおなじことであります。

さて、今はもう亡くなられました蓬次祖運師の『観経講話』のなかで、九品それぞれに行者が乗って浄土に往生する台座をもって各品の標題としてあります。これなど深い意味があるように思います。十一門表で見ますと、たとえば上品上生の行者が乗る台座は『金剛台《こんごうだい》』です。これは上品上生の経文にあります『観世《かんぜ》

音菩薩《おんぼさつ》は金剛台《こんごうだい》を執《と》りて、大勢至菩薩《だいせいしぼさつ》と与《とも》に行者《ぎょうじゃ》の前《まえ》に至《いた》る（聖典一〇八頁）』から採ってあるものです。

師によりますと上・中は『**紫金台《しこんだい》**』であり、上・下は『**金蓮華《こんれんげ》**』です。中・上は『**蓮華台《れんげだい》**』で、中・中は『**七宝蓮華《しっぽうれんげ》**』、中・下は「百宝華《ひゃっぽうげ》」ですが、これは経文にはありません。下・上は『**宝蓮華《ほうれんげ》**』、下・中は『**吹諸天華《すいしょてんげ》＝諸《もろもろ》の天華《てんげ》を吹《ふ》く**』、そして下・下は『**見金蓮華《けんこんれんげ》＝金蓮華《こんれんげ》を見《み》る**』を標題にしてあります。中・下が例外で、そのほかはみなそれぞれの経文のなかにあるものです。

その例外の「百宝華」の出拠はわかりませんが、蓬次師は仲々の曲者でしたから、この「百宝華」の標題にはそれ相当の理由があってのことだろうと思います。みなさんも考えてみてください。私だったら『**七宝華《しっぽうげ》**（聖典七七頁、大経下、智慧段）』としたいところですがね。師は「観経なども、ただ漠然と見ていると何が説かれているのかわからないが、蓮華という表現ひとつでも、われわれが真に宗教的に安心できることの象徴として説かれるのである（観経講話三九〇頁）」といわれていますから、よほどの魂胆があっての標題でありましょうね。

ついでに申しておきますが、これも十一門表を見ていただきますと、善導さまは中・上の位を「小乗根性の上善の凡夫人（七祖四八一頁～四九二頁）」と申され、中・中の位を「小乗下善の凡夫人」、中・下を「世善上福の凡夫人」、そして下・上を「十悪を造る軽罪の凡夫人」、下・中を「破戒次罪の凡夫人」、下・下を「つぶさに五逆等を造れる重罪の凡夫人」といわれております。すべて凡夫にちがいはないのです。以上のように上・上から下・下まですべて凡夫であることを善導さまは『般舟讃《はんじゅさん》』のなかで断定し、その往生浄土を称讃されているのですが、その差別はすべて出会った縁によるのです。

序分の定善示観縁の**『もし佛滅後《ぶつめつご》の諸《もろもろ》の衆生等《しゅじょうとう》、濁悪不善《じょくあくふぜん》にして五苦《ごく》（生・老・病・死・愛別離苦）に逼《せ》められん**（聖典九三頁）**』**を学びましたところで、善導

さまはそれを解説されて「この五濁《じょく》・五苦等《くとう》は六道《どう》に通《つう》じて受《う》く、いまだ無《な》き者《もの》あらず。つねにこれを逼悩《ひつのう》す。もし、この苦《く》を受《う》けざるものは、すなはち凡数《ぼんじゅ》の攝《しょう》（凡夫の類）にあらず（聖典二一六頁・七祖三九三頁）」と申されていました。善導さまは「凡夫」と申されていますが「人間」と置きかえてもよいですね。『**佛《ぶっ》滅後《めつご》の諸《もろもろ》の衆生《しゅじょう》**』は例外なく凡夫であります。随縁的存在であります。親鸞さまが申されるように、「さるべき業縁《ごうえん》のもよほさば、いかなるふるまひもす（歎異抄）」るのが凡夫・人間なのです。このような善導さまの透徹《とうてつ》した人間観が彼をして凡夫といわしめたのです。

広瀬杲師は上・上を標して「理想としての聖道（観経に聞く二二九頁）」といわれています。人間は凡夫という大地に足をつけて生きていながらも、宗教的最高の善といわれる聖なる大空への限りなき憧れと夢を持っている存在なのでありましょう。

宗教心の歩み

ですから散善では上・上から下・下まで、段々と根機の優秀なものから愚劣なものへと下降していくように説かれていますが、真実は一人の凡夫の宗教心の深まりが九段階をもって示されているものでありましょう。上・上から下・下への移行は下降というより宗教心の深化を意味するものと領解したいと思います。善導さまが九品のすべてを凡夫と名づけられたのも、そこに本意があるのでしょう。

考えてみますと、宗教心の自覚が浅いときは自分の根機が劣っているなど思うものではないのです。宗教心が深まるにつれて、その宗教心の浅薄《あさはか》さが問題になる、見えてくるのです。如来が根機のもっとも劣ったものとされる下・下こそ往生浄土の正機とされるのはその宗教心の深さ故でありましょう。歎異抄で悪人正機の説（機の深信）が主張されるのはその故であります。

宗教心なき学習

もしも善導さまが、今回から学びます観経を散善であると科文《かもん》されなかったら、聖道門の諸師がたが主張されるように散善は、もはやとっくに散善顕行縁のところで終っていて、今回からの経文は定善の観法を成就したものの機類のちがいを九種に分類して解説されたものと考えてしまうのは当然ではないかと思います。定善を成就した行者が浄土に往生していく機類のちがいを九品に選別されたものと領解してしまうのではないでしょうか。

ですから、今回からの第十四〜第十六観は、依正二報を観じ終った浄土への行者を観ずる観であると解釈しているのです。観経を佛教研究の対象として、他人ごととして読むならそのほうが自然でありましょう。そのほうが思慮分別から申すなら経文の構成からいっても無理なく読めるように思います。

なぜなら、はじめに『**上品上生《じょうぼんじょうしょう》といふは**』とあるのですから。つまり浄土に往生したものの中でも、もっとも上等の部類に属するものは、かくかくしかじかの故に『**弾指《だんし》の頃《あいだ》**（聖典一〇八～一〇九頁）』に浄土に生れて説法を聞きおわって『**即《すなは》ち無生法忍《むしょうぼうにん》を悟《さと》る**』といわれるのですからね。そして上・中・下と機の類別が劣悪化するにしたがって、だんだんと時の経過が長くなる。下・下になると『**十二大劫《だいこう》を満《み》**（聖典一一一六頁）』たして、やっと『**蓮華《れんげ》まさに開《ひら》く**』のです。このように考えたほうが、われらの思慮分別の理性からいえば自然なのではないか。

ところが、そのように浄土の依正二報を観察してきて問題となってきたのが、観察してきた心そのものが、これでいいのかという問です。実は、この問題こそ佛陀釈尊が散善を自開された理由ではないか。思えば、われらはある対象を観察するといっても、観察する心は問題にはならないのです。

いつも例にだして小武さんに悪いのですが、風呂を見ても風呂は私にとっては単なる風呂でしかありません。風呂に入ったら体があたたまって気持ちがいいだろう。疲れもとれるだろうと思うぐらいのものです。しかし風呂でわが子を亡くした小武さんにとってはその風呂を見れば、いつも心が痛むにちがいありません。われわれがその風呂を見るのとはちがって、小武さんにとっては単なる対象ではないはずです。

浄土を観ずるという定善も、浄土とは形而上の精神世界であると意味づけしてすましてしまったり、佛陀釈尊の申されることだからと自分に湧いてくる不審を欺瞞して、無理に実在する世界として納得してしまうことにもなるのです。

ふりかえって思えば、指方立相《しほうりっそう》という観経の定善の観法は、われわれの視覚に訴えて受けとりやすいように説かれてありながら、実際にはかえって受けとりがたいものではないか。日没・水・氷・大地・樹木・池・楼閣・宝石・虚空とか蓮華・佛像などなど、日常われわれが眼にすることのできるものでありながらも、しかしわれわれの心には容易に受けとりがたいことが説かれていると思われてならないのです。

学んでまいりましたように、懇切丁寧に描写されている観法でありながら、それがわれわれの心に定着しないといいますか、納得しがたいといいますかね。過去十年間、われわれは定善の観法を学んできた、いろいろと具象化された浄土の依正二報を学んできて、地想観は平等、宝樹観は自立、宝池観は連帯とか、いろいろと理由をつけて自分の理性を納得させてきた、そして今、われわれは心の腑に落ちたであろうか、深く身にしみて頷けたでありましょうか。正直、心は深い霧のなかにさまよっているというのが現実なのではないかと思われるのです。

各発と共発

観法するというけれども、その観法する心が問題ではないか。宗教心の欠除というか、それを受けとっていく心の不審というものが定善の学びを通じて深く課題とされないままに学んできたように思うのです。何か一番大事な、それなしには観法といっても絵にかいた餅みたいなもの、そんな不審を絶えず心中によどませながら過してきてしまったと思われてならないのです。

韋提希みたいに逼迫した心も持ちあわせぬまま、彼女と同じように自分を彼女に擬しながら今日まで観経を学んできたのではなかったか。

そういえば、善導さまが像観を解説されるところで「唯識法身《ゆいしきほっしん》の観《かん》＝阿弥陀佛の法身といえども自己の識《こころ》の他に佛は存在せずとする説」や「自性清浄佛《じしょうしょうじょうぶっ》性《しょう》の観《かん》＝自性の清浄なる佛性を観ずることが阿弥陀佛を観ずることとする説」を批判されるところで、次のように申されていたことを想いだしてください。

「またいまこの観門《かんもん》（定善）は等《ひと》しくただ方《ほう》を指《さ》し相《そう》を立《た》てて、心《しん》を住《とど》めて境《きょう》を取《と》らしむ。総《そう》じて無相離念《むそうりねん》（浄土・佛の相好を観ぜずして真如法性の理を観想すること）を明《あ》かさず。如来《にょらい》（佛陀釈尊）はるかに末代罪濁《まつだいざいじょく》の凡夫《ぼんぶ》の相《そう》を立《た》てて心《しん》を住《とど》むるすらなほ得《う》ること能《あた》はず、いかにいはんや相《そう》を離《はな》れて事《じ》（浄土・佛）を求《もと》むるは、術通《じゅつつう》（神通力）なき人《ひと》の空《くう》に居《こ》して舎《しゃ》を立《た》つるがごとし（七祖四三二頁)」と。

このような善導さまの言葉を読んで、あらためて思われますことは、われわれの願生心が「各《おのおの》、無上心《むじょうしん》を発《おこ》せども」といわれる体《てい》の菩提心でしかなかったということでありましょう。これでよいのかと思われることであります。

しかしながら、このような「各発無上心《かくほつむじょうしん》」という願生心が嘘だといっているのではありません。すなわち、ひとたび各発した願生心も時間の経過とともに冷えきってしまい「浄土へまゐりたきこころの候はぬ(歎異抄第九条・聖典八三六頁)」こととなりかねないのが、唯円だったのであり「われ」なのです。

重ねていいますと「弥陀《みだ》の誓願不思議《せいがんふしぎ》にたすけられまゐらせて、往生《おうじょう》をばとぐるなりと信《しん》じて念佛申《ねんぶつもう》さんと思《おも》ひたつ心《こころ》のおこるとき、すなはち攝取不捨《せっしゅふしゃ》の利益《りやく》にあづけしめたまふなり(歎異抄第一条・聖典八三一頁)」が嘘だといっているのではありません。

「各発無上心」、これこそ「念佛申さんと思ひたつ心」という自立の根拠の成就であるのです。

この自立の根拠としての「各発無上心」があらためて問題とされてくるのが、時の経過とともに唯円にとって「念佛申し候へども」といわれる言葉です。歎異抄第一条の「念佛」が、第九条で問題となっているのです。

何が問題になっているのかというと、念佛は自立の根拠の成就だけに終らないということです。「自」と「他」との問題です。自立に対して連帯の問題がのこっているのです。

この連帯の問題に答えられたのが、親鸞さまの歎異抄第九条のあとのことばです。

「しかるに佛《ぶつ》かねて知《し》ろしめして、煩悩具足《ぼんのうぐそく》の凡夫《ぼんぶ》と仰《おお》せられたることなれば、他力《たりき》の悲願《ひがん》はかくのごとし、われらがためなりと知《し》られて、いよいよたのもしくおぼゆるなり（全八三六～八三七頁）」ですね。「われ」と「われわれ」と「われら」については、幾度となく触れてきましたので、重ねては申しませんが、帰敬偈にもどって申しますなら「共発《ぐほつ》金剛志《こんごうし》」の「共発」です。

「生死《しょうじ》、甚《はなは》だ厭《いと》い難《がた》く、佛法《ぶっぽう》、復《また》欣《ねが》ひがたし」は、「共発金剛志」において超えられるのです。

わずらわしいと思いますが、いまひとつ親鸞さまの言葉を引用して、第三、第四段へまいりましょう。

それは『一念多念証文（親鸞著）』のなかで、本願成就文『**諸有《しょう》の衆生《しゅじょう》、其《そ》の名号《みょうごう》を聞《き》きて、信心歓喜《しんじんかんぎ》せんこと乃至《ないし》一念《いちねん》せん。至心《ししん》に回向《えこう》したまへり。彼《か》の国《くに》に生《うま》れんと願《がん》ずれば、即《すなは》ち往生《おうじょう》を得《え》、不退転《ふたいてん》に住《じゅう》せん**（以下略）』の経文のうち『**彼の国に生れんと願ずれば（願生彼国）**』を解説されて次のように申されます。

「『**願生**』は、よろづの衆生、本願の報土《ほうど》へ生《うま》れんとねがへとなり（聖典六七八頁）」と。

このように、『**至心に回向したまへ**』る如来本願の念佛のめあては「われら」

であり「よろずの衆生」であって、「各々無上心を発す」という時代社会性を捨象した単なる「われ」ではなくして、身・土なる「われわれ」を「共に金剛の志を発す」という「われら」にこそあるのです。歎異抄の「親鸞一人がため（聖典八五三頁）」や、口伝鈔《くでんしょう》の如来の「五劫《ごこう》の思惟《しゆい》も兆載《ちょうさい》の修行《しゅぎょう》も、ただ親鸞一人《いちにん》がためなり（聖典八八三頁）」の親鸞一人は決して単なる個人ではない、すでに学びましたように日本の鎌倉時代（土）を非僧非俗として生きぬいた群萠《ぐんもう》（身）の名告《なの》りとしての親鸞「われら」であります。

ちょっと休みまして次へまいりましょう。

第二講

経文を、読みます。

『若《も》し衆生《しゅじょう》有《あ》りて、彼《か》の国《くに》に生《しょう》ぜんと願《がん》ずるものは、三種《さんしゅ》の心《しん》を発《おこ》して即便《すなわち》往生《おうじょう》す。

何等《なんらか》を三《み》つとする。一《ひと》つに至誠心《しじょうしん》、二《ふた》つに深心《じんしん》、三《み》つに回向発願心《えこうほつがんしん》なり。三《さん》心《しん》を具《ぐ》する者《もの》は、必《かなら》ず彼《か》の国《くに》に生《しょう》ず』

観経、ここにあり

「もし衆生があって、かの阿弥陀佛の浄土に生れたいと願うものは、次の三種の心である至誠心・深心・回向発願心の三心をおこして、浄土に往生するのである。この三心を具有するものは必ず浄土に生れることができるのである」と。

文全体に難渋なところはないのですが、問題なのは『**三心《さんしん》**』ですね。

これは、さきほども引用しました散善顕行縁の中の最後のほうに『**汝《なんぢ》いま、**

知《し》れりや否《いな》や。この三種《しゅ》（三福）の業《ごう》は、過去《かこ》・未来《みらい》・現在《げんざい》、三世《さんぜ》の諸佛《しょぶつ》の浄《じょう》業《ぎょう》の正因《しょういん》なり（聖典九二頁）』とあります『**浄業《じょうごう》の正因《しょういん》**』にあたる文言です。三福とは世福・戒福・行福という「三種類の行業（行為）」でしたね。この三福の行為を成りたたせるものこそが、この三心であります。この三心によって三福が往生浄土の正因であることが成り立っているのです。三福正因といわれるのはそのためです。

重ねて申しますが、三福といわれる散善の行はもともと一般佛教における成佛のための行なのです。その行でもって諸佛たちは成佛のために実践されたのです。ところが仏陀釈尊は、このような三福の行は難行道であって凡夫が実践できるような行ではないことを見通されて、この三福の行を凡夫が実践できる往生極楽の道として転換されたのです。そうとなれば、ここでいわれる『**諸佛**』は阿弥陀佛をおいて無いこととなるわけです。極楽とは阿弥陀佛が永いあいだかかって建立された世界ですからね。

このようにして聖道門佛教の成佛の行である散善を往生極楽の道として阿弥陀佛が選擇され、これをもって佛陀釈尊は往生極楽の正因、すなわち『**浄業の正因**』とされたのです。よって『三福正因』と善導さまは教えられるのです。

そして、聖道門佛教では行とされる三福が『**浄業の正因**』として成り立たしめるものこそが、いまここで説かれる『**三種の心**』、すなわち至誠心・深心・回向発願心なのです。『**この三心《さんしん》を具《ぐ》するものは必《かなら》ず彼《か》の国《くに》に生《しょう》ず**』ることになるのだと佛陀釈尊は申されているのです。

この三心《さんしん》は、上・上（上品上生の略、以下同じ）が説かれる冒頭にあるのですが、もちろんこの三心は上・上にかぎったのではなく散善全体にも通じる正因ばかりか、今まで学んできました定善にも通じる往生浄土の正因です。善導さまはそのことを、「三心《しん》すでに具《ぐ》すれば、行《ぎょう》として成《じょう》ぜざるはなし。願行《がんぎょう》すでに成《じょう》じて、もし生《しょう》ぜずは、この処《ことわり》あることなからん。またこの三心《しん》はまた通《つう》じて定善《じょうぜん》の義《ぎ》を（も）攝《せつ》す（あてはまる）、知《し》るべし（七祖四七〇頁）」と申されているとおりです。

以上の三心がすでに整《ととの》っているなら、すべての行が成就しないことはないのだ、願（三心）と行（定・散二善）がすでに成就して、もしも浄土に往生できない道理があろうか。そしてまたこの三心は散善ばかりでなく定善が成就するためにも必須の正因でもあるのだ。三心は定善にも散善にも、その成就のためには通《つう》攝《せっ》する正因なのだ、といわれているのです。これは後ほどにも触れます。**『至誠心』**とは真実の心・誠実な心。**『深信』**とは深信する心、深く信ずる心。**『廻向発願心』**とは「身心の行為をすべて浄土を願求する心とすること」といいかえることができましょう。

善導さまは、この三心をくわしく解説くださるのですが、よほど大事なことだったのでしょう、その冒頭に更《あら》ためて「經に言《のたま》わく（七祖四五五頁）」と、わざわざ申されているのです。曽我量深師はこの言葉をご自身なりに読みとられて「観無量寿経、ここにあり」と表現されています。『観経疏』で「經に言く」という文言はこのほかに玄義分《げんぎぶん》のところで、經名を解説されるところ（七祖三〇〇頁）だけですが、しかしこれは「經に仏説無量寿観経と言へり」と申されているのであって、この観経のいのちはここにあり、と宣言されたものではありませんから、この「経に言く」と比べられるものではありません。この観経の精髄を一言すれば、この三心にありと申されるのですから善導さまには特別な思い入れがあったことがわかります。

普通この三心についての善導さまの解説を「三心釈《さんじんしゃく》」といっていますが、散善の解説の3分の1弱は、この三心釈に費やされていますことからも、三心釈にかけられた善導さまの深い関心と感動が想われることであります。

能修・能帰・能期の心

三心をひとくちで云うなら宗教心ということになりましょう。浄土門佛教で申せば願生心です。三心はわれらに願生心のめざめをうながしてやまないものです。

観無量寿経の教は、われらの中に三心を具足せしめるか否かにかかっているのであって、いまも引用しましたように諸佛（＝阿弥陀佛）が出世されたのは、この三心をわれらのうちに成就することにあるのです。

いま、ここではまず、三心の常識的な領解を学んでおきます。

第一に『**至誠心**』とは、善導さまの字釈によりますと「至《し》とは真《しん》なり、誠《じょう》とは実《じつ》なり（七祖四五五頁）」とありますから続けて読めば真実心となります。

定散二善について申せば、定散二善を実践するに真実なる心をもってせよ、ということになりましょう。修めるところの行（所修《しょしゅ》の行《ぎょう》）に対するに真実心をもってせよ、能修の心よ真実なれということですね。散善で申せば、『**大乗方等経《だいじょうほうどうきょう》典《てん》を読誦《どくじゅ》す**（聖典一〇八頁）』るという所修の行についても、それを実行する能修の心が真実であれというものです。

世間でもそうであります。過失致死も強盗殺人でも、殺人にちがいはないにせよ、その動機というか、その意志が問題です。もちろん両者には刑の軽量に大きなひらきがあるわけです。このように至誠心とは所修の行に対する能修の心が真実であらねばならないということですね。

第二に『**深心**』というのは、善導さまが「深《ふか》く信《しん》ずる心《しん》（七祖四五七頁）」と申されますように、帰依する教法ですね。定散二善の教法。つまり所帰の教法に対する能帰の心よ深信なれ、ということです。深信の心をもって所帰の定散二善の教法をいただけよ、ということです。

第三に『**回向発願心**』ということも同じように浄土に往生したいと願う所期の浄土に対して、能期の心が熾盛《しじょう》なることをいうのです。

能修し能帰した心も行も、すべて所期の浄土へ回向して往生したいと願う能期の心の盛んなるを『**回向発願心**』というのです。

ですから所修の行が外面では立派に見えても能修の心が不真面目であればだめであり、いかに所帰の教法を学んでも能帰の心が不純であれば詮《せん》かたないものであり、同じように所期の浄土にいかに憬《あこ》がれても、すべてをあげて回向発願する能期の心に欠けるならば単なる夢か空想でしかないものであります。

以上をまとめて申しますと、

至誠心＝所修の行に対する能修の心の至誠なること。

深心＝所帰の法に対する能帰の心の深信なること。

回向発願心＝所期の浄土に対する能期の心を回向発願することとなりましょう。

そして經文は**『三心《さんしん》を具《ぐ》するものは、必《かなら》ず彼《か》の国《くに》に生《しょう》ず』**といわれているわけです。重ねて申しますが、これを宗教心というのです。

心にひそむ愁憂の心

ところが、ひるがえって世間での宗教についての一般的な理解は、何か特殊な異常なものと考えられているように思われます。または愚昧な非文明的なもの、死期をまじかにひかえた老人や病人の恐怖心が生みだしたものと思われています。全く否定してしまうつもりはありませんが、そのような現象のみをもって宗教を見てしまうのは、人間の何たるかを自覚しない軽薄な考えであります。

また宗教をイメージするとき、寺のそり屋根・お宮の鳥居・とがった屋根の十字架というように、何だか浮世ばなれした姿や、重々しい雰囲気、神殿・本堂などなど、近寄りがたい、そのようなイメージがありますね。

ひとことで宗教といっても具体的には佛教・イスラム教・キリスト教といわれるように成立宗教、教団という社会的に組織を持ったものを宗教と考えてしまうのですね。

そのような宗教観、一般的な宗教理解に一石を投じたのが観無量寿経だったと思います。それは、どんな家庭でも王舎城の悲劇が持っている質がその発端になっているからです。あのような悲劇にまではならないにしても、人間が社会の最小単位である家庭を営んでいる以上、例外なくその根底に抱えこんでいる人間の問題です。その底の深さを示すものが観経だからです。

王舎城の悲劇といっても、云ってみれば家庭騒動です。今日では新聞の一段記事にもならない事件かも知れません。しかし、その事件の根底をたずねてみれば、人間であれば誰れしも、その心底に持っている根源的な質にまで遡《さか》のぼることができる、いやそこまで遡のぼらねば、なにひとつ真の解決はできないのが王舎城の悲劇です。云いかえれば宗教の問題が、そこにはひそんでいるのです。

それを、いちはやく察知されたのが佛陀釈尊でした。『**我《わ》れ今愁憂《いましゅうう》す**（聖典八九頁）』と韋提希がつぶやいたその愁憂の底にある彼女の『**心《こころ》の所念《しょねん》＝心念《しんねん》**（聖典八九頁）』を、ひとり釈尊のみが、そこに宗教心の萌芽を見てとられたのです。霊山から王宮への釈尊の「没出」が、この世に出《い》でました釈尊の出世本懐を象徴的にあらわしています。

この没出によって、人間世界に現われた佛法は、佛法の旗印である涅槃寂静《ねはんじゃくじょう》の境地を往生浄土の道として三心が開示されたのです。云いかえますなら、人間の根底にある宗教心が「往生極楽の道（歎異抄第二条・聖典八三二頁）」として転換され広開されることになったのです。善導さまが、ここに来て更めて「観経に言く」と申され『三心』をとりあげられた所以《ゆえん》です。

即往生と便往生

さて、第三段のところで『即便《すなわち》往生す』という経言のなかの『即便』は注目すべきことばです。註釈版の本願寺派の聖典では、これが『すなわち』と仮名で書かれ述べてありますが、その欄外には、親鸞さまは「即便という文字によって他力の往生を即往生、自力による往生を便往生とした」と註釈してあります（聖典一〇八頁）。

つまり、至誠心・深心・回向発願心の三種の心を発して浄土往生をするのだけれども、その往生に「即往生」と「便往生」の二種があると親鸞さまは読まれたわけです。そして親鸞さまは「便往生《べんおうじょう》とはすなはちこれ胎生《たいしょう》辺地《へんじ》、双樹林下《そうじゅりんげ》の往生《おうじょう》なり。即往生《そくおうじょう》とはすなはちこれ報土化生《ほうどけしょう》なり（聖典三九三頁）」といわれています。

また『浄土三経往生文類』によりますと、観経往生について親鸞さまは次のように述べられています。「観経往生《かんぎょうおうじょう》といふは修諸功徳《しゅしょくどく》の願《がん》（第十九願）により至心発願《ししんほつがん》の誓《ちか》ひに入《い》りて、万善諸行《まんぜんしょぎょう》の自善《じぜん》を回向《えこう》して浄土《じょうど》を欣慕《ごんぼ》せしむるなり。しかれば、『無量寿仏観経《むりょうじゅぶつかんぎょう》』には、定善《じょうぜん》・散善《さんぜん》、三福九品《さんぷくくぼん》の諸善《しょぜん》、あるいは自力《じりき》の称名念佛《しょうみょうねんぶつ》を説《と》きて、九品往生《くぼんおうじょう》をすすめたまへり（聖典六三〇～六三一頁）」と。

そして、この観経往生というのは他力のなかの自力を宗教とする教えであるから、みな方便化土の往生であり、これを双樹林下往生《そうじゅりんげおうじょう》というのだと申されています。

観経往生というのは、善行を積んで浄土を欣《ねが》い慕《した》う往生です。浄土を欣慕《ごんぼ》する往生です。

だからといって、観経往生を否定してしまうのではないのです。方便化土の往生は大経往生である報土往生の要門であって、方便化土も真実報土の中に包まれる境界、「報中《ほうちゅう》の化《け》」なのです。つまり報土の中の化土ですね。

双樹林下とはまた象徴的な表現ですね。佛陀釈尊はインドのクシナガール、二本の沙羅樹《さらじゅ》の下で涅槃《ねはん》に入られました。われらもまた、例外なくみな死を迎えます。宗教にとって死は中心的課題のひとつです。死によってすべてが空無になってしまうということには、なかなか耐えられないのが、正直にいってわれらの深い心根です。だから、われらは死んだあとにも実体的な世界を欣慕《ごんぼ》するのです。その心が輪廻転生の世界、実体的なあの世を死後にも欣慕して自己の死の意味を納得しようとするのです。

「ひそかに『観経《かんぎょう》』の三心往生《さんしんおうじょう》を案《あん》ずれば、

これすなはち諸機《しょき》自力《じりき》各別《かくべつ》の三心《さんしん》なり。『大経《だいきょう》』の三信《さんしん》（至心・信楽・欲生我国）に帰《き》せしめんがためなり（聖典五四一～五四二頁）」と親鸞さまが申されているように、観経往生は大経往生への方便通入の往生です。たびたび申しますように観経は方便から真実へ通入していく教ですから、往生もまた便往生なのです。

観経往生に対して大経往生というのは「これすなはち念佛往生《ねんぶつおうじょう》の願因《がんいん》によりて、必至滅度《ひっしめつど》の願《がん》（第十一願）果《か》をうるなり。現生《げんしょう》に正定聚《しょうじょうじゅ》の位《くらい》に住《じゅう》して、必《かなら》ず真実報土《しんじつほうど》に至《いた》る。これは阿弥陀如来《あみだにょらい》の往相回向《おうそうえこう》の真因《しんいん》なるが故《ゆゑ》に、無上涅槃《むじょうねはん》のさとりをひらく。これを『大経《だいきょう》』の宗致《しゅうち》とす。この故《ゆゑ》に大経往生《だいきょうおうじょう》と申《もう》す（聖典六二五頁）」といわれています。

つまり大経往生というのは、第十八願である念佛往生の願を因として、第十一願である必至滅度の願が実現するのだ、願果を得るのだと。涅槃寂静のさとりに至らしめるのだといわれるのですね。この如来の誓願に因《よ》ってわれらは、現にこの世において正定聚の位、必ず涅槃寂静のさとりを得る位に住する身となるといわれているのですから。そうでしょう。第十一願とは『**国中《こくちゅう》の人天《にんでん》、（正）定《じょう》聚《じゅ》に住《じゅう》し、必《かなら》ず滅度《めつど》に至《いた》らずは、正覚《しょうがく》を取《と》らじ**（聖典一七）』と誓われたのですからね。

そして、このことは如来より回向されて往生浄土の道を歩くための真因であるから無上涅槃といわれるさとりですね、三法印でいえば涅槃寂静（滅）のさとりを開くことのできる身と定まる、これが大経が云わんとした趣意であり大経往生というのだと。如来の誓願なる故に、その真因は同時に真果（涅槃寂静）の意味を持つ、故に即往生なのです。必至滅度の正定聚は涅槃寂静の功徳を、この世にあって獲得するのです。

まず私があって、縁をいただいているのではないのです。無量無数の縁あっての私です。その無量無数の縁のひとつでも切れたら私は無い、無我です。

「このように、私たちは娑婆の縁が尽きれば、私を私たらしめている大きな命の世界に寂静していく。……そういうのが佛教の死の問題です。もとに戻るということです。だから還浄ともいう。浄土に還るという……もとに帰らせてもらう。私を私たらしめていたすべての条件が消えていく。消えても何かが残るのかというと何にも残らない。無我である。（『仏教からみた往生思想（小川一乗著、四四〜四五頁）』）親鸞さまは大経往生において、みごとに佛教の基本的旗印である三法印（諸行無常・諸法無我・涅槃寂静）に立っておられるわけです。

話を『**即便往生**』にもどしますと、至誠心・深心・回向発願心の『**三種の心**』を発すことが手段となって未来に浄土に生れるという、そのあいだに時間の経過があって、具体的には命終を待って往生するのを「便往生」というのでしょう。方便化土の往生です。この場合、『**三種の心**』は命終して往生するための手段となるわけです。

それに対して「即往生」というのは三種の心を発すことが浄土に生れ、浄土を生きるという意味を持つのです。

「便往生」では『**三種の心**』は往生の因ではあっても、命終を待って往生の果を得る手段です。「即往生」は往生の因でありつつ果の徳を持つのです。因果同時を意味するのです。かつて「宝樹観《ほうじゅかん》」を学んだとき華《はな》が華《はな》でありつつ同時に菓《このみ》もみのっているのが浄土の宝樹の徳であったのでしたね。

一経両宗、体は往生

善導さまによりますと、この観無量寿経は「観佛三昧《かんぶつざんまい》をもって宗《しゅう》(むね)となし念佛三昧《ねんぶつざんまい》をもって宗《しゅう》となす。一心《しん》に回願《えがん》して浄土《じょうど》に往生《おうじょう》するを体《たい》となす(七祖三〇五頁)」といわれていますね。いわゆる一経両宗といわれます。そしてその体が往生なのです。

体が往生、しかし宗が観佛と念佛の二つあるということは、往生に二種があることになるわけです。観佛三昧の往生と念佛三昧の往生です。親鸞さまが『**即便往生**』について、わざわざ便往生と即往生の二つを立てられた趣意は、この観佛三昧と念佛三昧を視野に入れられてのことであったと思います。これは議論のあるところで、今夜にでもいかがですか。

歎異抄の後序には「往生《おうじょう》の信心《しんじん》（聖典八五一頁）」という文言がでてきます。信心一異の論争です。

「善信《ぜんしん》（親鸞）が信心も聖人（法然）のご信心も一つ（同じ）なり」と親鸞さまが申されたところ、勢観房《せいかんぼう》や念佛房《ねんぶつぼう》といわれる同僚が「そんなことはない、聖人の信心と善信房の信心がどうして同じということがあろう」と反論されたという論争です。それに答えて親鸞さまが申されるには「聖人のお智慧・才覚と、わがそれとをくらべて同じだというのならまちがいであろうが往生の信心においてはまったく異なることはない、同じだ」といわれたのです。結局は法然さまにその是非を聞こうということになり、聖人にことの次第を申しあげたところ「往生の信心は如来よりたまわりたる信心であるから、わが信心も善信房の信心も同じだ」と答えられたということがあったと。

ここで注目したいのは、信心といってもその内実は往生ということですね。往生という信心なのです。往生をぬきにして信心などないものです。

本願を信受するといわれる信心の内実は往生の一念において自我という根が命終して新しく浄土を願生する自己として生れることです。生れて新たに生きることが始まる。「絶対無限の妙用に乗托して」「現前の境遇に乗托」せる自己の発見。これが往生のスタートです。

往生は生れるということと生きるという二つの意味を持つ。生れたら生れたですむものではないでしょ。生きていくことが始まる。「この身《み》をいとひ…世《よ》をいとふ（聖典七四〇頁）」「ひがうたる世《よ》のひとびとをいのり（聖典八〇八頁）」という生き方が始まる。「いとう」とは大事に生きる事。批判と創造の生活。そのような生活をいかほどか生きる。すぐ死ぬかもしれないが、そのときが即、成佛です。だが普通はいかほどか生きる。往生極楽の道を生きる。そしてこの世の命終が、即、成佛です。往生の生活の終着点が成佛です。その意味では往生即成佛ですが、往生イクオール成佛ではありません。成佛は往生の終点ではあっても、「即」で両者を結んでしまうのは、往生の広い意味を矯少化するものです。

例をあげますと『**それ衆生《しゅじょう》ありて、彼《か》の国《くに》に生《うま》るるものは**（聖典四一頁・第十一願必至滅度の願成就文）』を親鸞さまは「彼《か》の国に生《うま》れんとするものは（聖典六八〇頁）」と読まれて、正定聚がこの世のこととされました。「彼の国に生るれば」でなく「生れんとする」。この世において往生はスタートするのです。

三心釈《さんじんしゃく》

前置きが長くなりましたが、世にいう「三心釈」にまいります。

まず善導さまは、三心釈のはじめに次のように申されています。

「世尊《せそん》、機《き》に随《したが》ひて益《やく》を顕《あらわ》したまふこと意密《いみつ》にして知《し》りがたし、佛《ぶつ》の自《みづか》ら問《と》ひ自《みづか》ら徴《あらわ》したまふにあらずは、解《げ》を得《う》るに由《よし》なきことを明《あ》かす（七祖四五五頁）と。

つまり佛陀釈尊が、それぞれの機類に随って利益を明らかにされることは、そのみ心がとても深くまた綿密であって凡愚のわれらには、とても思量しがたいものであるから、佛陀が自ら問い答えられなかったら、われらの能力をはるかに越えているのである。だから釈尊は「還《かえ》りて自《みづか》ら前《さき》の三心《しん》の数《かず》を答《こた》へたまふことを明《あ》かす(全)」のだと申されて三心釈をはじめられています。

『**もし衆生《しゅじょう》ありて、彼《か》の国《くに》に生《しょう》ぜんと願《がん》ずるもの**(聖典一〇八頁)』であるならば、この『**三種の心**』がなければ願いのかなうはずがない、この三心を具えてこそ、彼の国に生れることができるのだと経典はのべられています。散善顕行縁でも、あらかじめのべられ、このあとに説かれる散善の行も、この三心を具えてこそ浄土へ往生できるのだという確証というか、自分に確認することができることになるのです。

散善の行も佛陀が教えてくださる『**至誠心**』によってこそ、浄土往生ができるのだという自己確認ができるのであり、また真に佛を深信する『**深心**』によってこそ、浄土往生による救済の確認は得られるのです。

そして、この自らおこす『**至誠心**』と『**深心**』から、『**回向発願心**』が生れるとともに、ひるがえって『**回向発願心**』が浄土往生を決定していくのです。もし、この三心をわが身心に具足することがなかったら、散善が果して浄土往生の道であるかどうかの確認はできないということになりますね。

このことは定善の観察だって同じことです。依正二報を観察するといっても、この三心がなかったら問題にならない。ただ依正二報が定善の観想によって見えたということにすぎないのであって、それがそのまま『**かの国《くに》に生《しょう》ぜんと願《がん》する**』ことには必ずしも継《つな》がらないでしょ。

散善も定善も、このふたつが浄土往生の業因となるためには『**三心**』あってこそ成りたつのですね。だから散善のはじめに『**もし衆生《しゅじょう》ありて彼《か》の国《くに》に生《しょう》ぜんと願《がん》ずるものは、三種《しゅ》の心《しん》を発《おこ》して即便往生《すなわちおうじょう》す**』という経文が、はっきりと押えられてあるのです。

ここまで申しますと「この三心《しん》はまた通《つう》じて定善《じょうぜん》の義《ぎ》を攝《せっ》す、知《し》るべし。(七祖四七〇頁)」といわれた善導さまのお心がよくわかると思います。

ちなみに安楽浄土の原語はスカーヴァティー(SUKĀVATĪ)といって、スカーヴァティーは、「幸あるところ」と訳されています(岩波文庫・浄土三部經上巻二一八)。そうしますと『**彼《か》の国《くに》に生《しょう》ぜんと願《がん》ずるもの**』とは「幸あるところに生れたいと願うもの」ということになります。

そうしますと『**至誠心**』とは定散二善をまじめに実践して幸福になろうとする心であり、『**深心**』とは善因楽果・悪因苦果の因果を深信して善を積み悪い行いはしないようにして幸福になろうとする心、『**回向発願心**』とはそれらの善行を「幸あるところ」へ回向(さしむけて)して、それで「幸あるところ」へ生れたいと願をおこす心となりましょう。

ですから、この三種の心とは特別な人たちだけが持つ心ではなくて「生きている人間のみんなが持っている心情なのでしょう。人間はみんなこの三つの心によって生活しようとしているのであり、その意味では、この三つの心こそ人生をささえているもの（観経に聞く・広瀬杲二三六頁）」ですね。

『至誠心』

経文には、この三心の解説は一切ありませんので善導さまの解釈で学んでまいります。

「経《きょう》に言《のたまわ》く『一者《はし》至誠心《じょうしん》』。『至《し》』とは真《しん》なり、『誠《じょう》』とは実《じつ》なり。一切衆《いっさいしゅ》生《じょう》の身口意《しんくい》の業《ぎょう》に修《しゅう》するところの解行《げぎょう》（知解と修行）、かならず須《すべか》らく真実《しんじつ》心《しん》の中《うち》に作《な》すべきことを明《あ》かさんと欲《ほっ》す（七祖四五五頁）」

「観経に言く」はここに出てきます。まさに観経「ここにあり！」と読みたいところです。観経は何が説かれたのか？韋提希は何を求めたのか？それは度々申してきましたように『**我《わ》れいま極楽世界《ごくらくせかい》の阿弥陀佛《あみだぶつ》の所《みもと》に生《しょう》ぜんことを楽《ねが》ふ**』

といい『**願《ねが》はくは世尊《せそん》、我《わ》れに思惟《しゆい》を教《おし》へたまへ、われに正受《しょうじゅ》を教《おし》へたまへ**（聖典九一頁）』という問でした。観経はこの彼女の問に答えたものでした。

それは定善と散善でした。しかし定善にしましても、これから学びます散善にしましても、この二つは必ずしも浄土門佛教のためだけの実践の法だけではないのであって、広く佛教すべてにおける行法です。定善は「慮《おもんばかり》を息《や》めて心を凝《こら》す（息慮凝心）」であり、散善は「悪を廃して善を修する（廃悪修善）」ことなのですからね。

その定散二善の行法を、浄土門佛教の要門として転換せしめたのが佛陀釈尊が説かれた観経であり、それを問うたのが王舎城の悲劇に出会った韋提希だったのでした。

善導さまは「娑婆《しゃば》の化主《けしゅ》（釈尊）はその請《しょう》（彼女の問）によるが故《ゆゑ》にすなはち広《ひろ》く浄土《じょうど》の要門《ようもん》を開《ひら》き、安楽《あんらく》（浄土）の能人《のうにん》（阿弥陀佛）は別意《べっち》の弘願《ぐがん》（大経の四十八願）を顕彰《けんしょう》したまふ。その要門《ようもん》とは、すなはちこの『観経《かんぎょう》』の定《じょう》散《さん》二門《もん》これなり（七祖三〇〇頁）」といわれているのがそれなのです。これが観経が説かれた趣意であります。そのためには、この『**三種の心を発して**』いきなさい、この三心を発《おこ》すことが浄土往生のための基本だということです。

ところが親鸞さまは、この至誠心釈の文言のなかの「須＝すべからく～すべし」の文字を「須＝用《もち》いんことを」と読まれたのです。

たしかに「須」という文字には①スベカラク～スベシ（命令）②マツ（待）③モチイル（用）④モトメル（要求）⑤シバラク（暫）などの意味があるのです（三省堂漢和辞典）。

そうしますと、この文は「必ず真実心の中に作《な》したまいしを須《もち》いんことを明さんと欲す」と読めます。親鸞さまはそのように読まれたのです。

このように読みますと『**至誠心＝真実心**』というのは行者が「作《な》す」ことではなくて阿弥陀如来の真実心が「作《な》したまいしを須《もち》いんこと」、すなわち如来の真実心によって成就された本願力をいただいてゆけということになります。如来の本願力とはもちろん南無阿弥陀佛をいただくということなんです。他力回向の南無阿弥陀佛。

続けて、従来「外《ほか》に賢善精進《けんぜんしょうじん》の相《そう》を現《げん》じ、内《うち》に虚仮《こけ》を懐《いだ》くことを得《え》ざれ（七祖四五五頁）」と読まれていた文言もまた親鸞さまは「外に賢善精進の相を現ずることを得ざれ、内に虚仮を懐けばなり」と読まれたのです。外に賢善精進のすがたを現わすことはできません。なぜなら内心に虚仮なるものを持っているからだといわれているのです。漢文ですからカエリ点のつけ方で、このようにも読めるのですね。

これが『愚禿鈔・聖典五〇一頁』になりますと、「賢者《けんじゃ》の信《しん》を聞《き》きて、愚禿《ぐとく》（親鸞）が心《しん》を顕《あらわ》す。賢者《けんじゃ》の信《しん》は、内《うち》は賢《けん》にして外《ほか》は愚《ぐ》なり。愚禿《ぐとく》が心《しん》は、内《うち》は愚《ぐ》にして外《ほか》は賢《けん》なり」といわれています。一見、矛盾するようですが、いわんとされているところは同じです。従来の読み方よりも親鸞さまの読み方のほうが、更には愚禿鈔の文のほうが、ずっと真実心に照らされた自己への凝視が深くなっていると思います。ここでの「賢者」とは七高僧、もっと身近かに親鸞さまにとっては法然上人ですね。そこにあらわれているのは如来の真実心をいただかれている上人の信心のおすがたです。そのおすがたは内は賢にして外は愚です。そのおすがたにふれて親鸞さまの信があらわになる、内は愚にして外は賢だと。思えば親鸞さまはこのような逆説的表現をよくなさっていますね。歎異抄がそうですね。宗教的表現とはそういうパラドックス（逆説）な表現になるのでしょ。みごとというほかありません。

このような親鸞さまの読み方は異例といいますか、無茶な読み方かといいますと、そうではないと思います。なぜなら、そのあと善導さまは、われらが身・口・意の三業で実践します安心起行というものは内に「貪瞋《とんじん》（むさぼり・いかり）・邪僞《じゃぎ》（よこしま・いつわり）・奸詐《かんさ》（ずるい・うそ）百端《ひゃくたん》にして（無数にあって）、悪性《あくしょう》侵《や》めがたく、事蛇蝎《ことじゃかつ》（へび・さそり）に同《おな》じ」といわれ、さらに「三業《ごう》を起《おこ》すといへども名《な》づけて雑毒《ぞうどく》の善《ぜん》（毒のまじった善）となし虚仮《こけ》の行《ぎょう》と名《な》づく。

真実《しんじつ》の業《ごう》と名《な》づけず。もしかくのごとき安心《あんじん》・起行《きぎょう》をなすものは、たとひ身心《しんしん》を苦励《くれい》して日夜《にちや》十二時《じ》（一日中のこと）急《きゅう》に走《はし》り急《きゅう》になすこと、頭燃《づねん》（頭髪についた火）を救《はら》ふごとくするものも、すべて雑毒《ぞうどく》の善《ぜん》と名《な》づく（七祖四五五頁）」と。

このようにまで善導さまは言い切られているのですから親鸞さまの読み方のほうが善導さまの「雑毒の善・虚仮の行」にも添っていて自然です。かえって従前の読み方のほうが、善導さまの趣意に適《かな》っていないと思います。善導さまも親鸞さまのように「須」の字を読まれたでありましょう。

善導さまの三心釈には、このように深い機の自覚が語られています。何度も声をだして読んでほしいところです。昔の先輩の僧侶がたはみなこの三心釈を暗唱してありました。後輩のわれわれが偉そうな理屈をいっておりますと、先輩ががパーッとこの文言をそらんじて読誦されたものです。歯がゆい思いをしたものですが、グーの音も出なかったことを今はなつかしく憶いだします。

「この雑毒《ぞうどく》の行《ぎょう》を回《え》（向）して、かの佛《ぶつ》の浄土《じょうど》に生《しょう》ずることを求《もと》めんと欲《ほっ》せば、これ必《かなら》ず不可《ふか》なり（七祖全頁）」と。たたみこむような文の勢いです。このあとに「応知《おうち》＝応《まさ》に知《し》るべし」の二文字をつけたいところです。

「何をもっての故に」

次を読んでみます。

「何《なに》をもっての故《ゆゑ》に。正《まさ》しく彼《か》の阿弥陀佛因中《あみだぶついんちゅう》に菩薩《ぼさつ》の行《ぎょう》を行《ぎょう》じたまひしとき、乃《すなは》ち一念《ねん》一刹那《せつな》に至《いた》るまでも、三業《ごう》の所修《しょしゅ》、みなこれ真実心《しんじつしん》の中《うち》に作《な》したまひ、おほよそ施爲《せい》・趣求《しゅぐ》したまふ所《ところ》、またみな真実《しんじつ》なるに由《よ》りてなり（七祖四五五～四五六頁）」と。

この文はいろいろと読み方があるようですが意訳しますと、

「なぜだめ（不可）かというと、阿弥陀佛がまだ法蔵菩薩として修行されたとき、瞬時もその三業で実践されたことが、ことごとく真実心で作《な》され、その真実心をわれわれに施爲（回向）され、またその真実心をもって浄土を趣求（願生）するのであるから、ともに真実であるのだ」ということになりましょう。

親鸞さまは、これを次のように読まれています。

「何を以っての故に、正に彼の阿弥陀佛の因中に菩薩の行を行じたまいし時、乃至一念一刹那も三業の修する所、皆是れ真実心の中に作《な》したまいしに由《よ》りてなり。おほよそ施したもう所、趣求を爲す。亦、みな真実なり（親鸞聖人全集・九・加点篇三・一七〇頁）」と。

ここで注目したいのは、雑毒の善や行で浄土に生れんとしても「不可」といって不可の理由は雑毒の善、雑毒の行だと申されているのですから、不可の理由はもう解答ずみなのに、善導さまはどうして更に「何をもっての故に」と不可の理由を付け加えられたのでしょうか。

そのことについては、さきほどの『愚禿鈔』に「愚禿が心は内は愚にして外は賢なり」とありましたように、外に賢善精進の相を現わしていれば、たとえ内が愚であり雑毒の善であったとしても、そのことに無自覚であったら、それは不可と断ずることはできないのではないか。なぜなら、その心が真実あるかどうかは外見からは判定できないからです。

だから、この文は他人のことを論じておられるのではないのです。善導さまご自身が、自分の往生について語られているのです。ご自身もまた親鸞さまのように「（善導）が心は内は愚にして外は賢なり」ということが、如来の真実心に照らされ自覚されてあって、「何をもっての故に」という問をだされたのでありましょう。

だから親鸞さまは、善導さまの「施為趣求《せいしゅぐ》」の文の心を心として「施したもうところ趣求と爲す＝如来が回向された真実心をもって願生する」と訓読されたものであります。如来の施したもう真実心をいただき、その真実心をもって浄土を願生するのだと読まれたのですね。「亦、真実なり」の「亦」が、この心をあらわしてあると思います。もしも如来の真実心に照らされることがなかったら、賢善精進の相を現わしている自己の雑毒の善も虚仮の行もあらわになることはないのであり、ついには憍慢の海に没するほかないのであります。

このようにして善導さまは佛陀釈尊の告げられる『**至誠心**』を如来回向の真実心といいただかれているのであります。

このように善導さまと親鸞さまの『**至誠心**』釈を学んでまいりますとき、確認されますのは「貪瞋《とんじん》・邪偽《じゃぎ》・奸詐《かんさ》百端《ひゃくたん》にして」われらの根性が「悪性《あくしょう》侵《や》めがたく、事《こと》蛇蝎《じゃかつ》に同《おな》じ」であるがために「不可」なのではないのですね。真実の願生心が成就しないのは如来の『**至誠心**』「真実心」をいただかないか

ら不可だと申されているのです。
歎異抄の「他力《たりき》をたのみたてまつる悪人《あくにん》、もっとも往生《おうじょう》の正因《しょういん》なり（聖典八三四頁）」という言葉もよく領けることであります。

そして善導さまが至誠心釈を結ばれるにあたって「不善《ふぜん》の三業《ごう》は、必《かなら》ず須《すべ》からく真実心《しんじつしん》の中《うち》に捨《す》つべし（七祖四五六頁）」と、わが国で読まれていた文を、親鸞さまは「不善の三業は必《かなら》ず真実心の中《うち》に捨てたまへる須《もち》ゐよ（七祖四五七頁欄外）」と読みかえられて、真実心を行者の真実心ではなくて如来の真実心とされたのです。

また、さらに従来読まれていた「また若《も》し善《ぜん》の三業《ごう》を起《おこ》さば、必《かなら》ず須《すべか》らく真《しん》実心《じつしん》の中《うち》に作《な》すべし。内外《ないげ》明暗《みょうあん》を簡《えら》ばず、みなすべからく真実《しんじつ》なるべし。故《ゆゑ》に至誠心《しじょうしん》と名《な》づく（七祖四五六～四五七頁）」を、「また若《も》し善の三業を起さば、必《かなら》ず真実心の中《うち》に作《な》したまへるを須《もち》ゐて、内外明闇（内なる心と外なる相。智明と愚闇）を簡《えら》ばず、みな真実を須《もち》ゐるが故《ゆゑ》に至誠心と名づく（七祖四五七頁欄外）」と読まれたのです。

重ねて申しますが「須」を「もちうる（用）」と読まれ、「施」を「施したもうところ」と読まれて如来真実心の回向したまうところと解釈され、「趣求」をもまた如来の真実心の回向によって浄土を願生する意味で読みとられた領解は、善導さまの至誠心釈を正しく伝承されたものであります。善導さまの意にぴったりと添うものであったといわねばなりません。

このことは、親鸞さまの己証《こしょう》であると一般に云われていますが、己証は伝統と対立してあるものではないでしょう。己証とは伝統されてきた宗教心（観経では願生心）を、行者自身が自らの身土に受けて開かれてくる実存的自覚の表現だと思います。

慚愧の心

善導はなぜに、このような至誠心釈をなさったのでありましょうか。なぜに至誠心を、われらがおこす至誠心ではなく如来が回向したまう真実心と読まれたのでありましょうか。

もはやご存知のように定散二善を実践してまいりますのに『**至誠心**』をもって励めよと申されても、一歩踏みだした途端に知らしめられるのは至誠心のかけらもない虚仮不実の身であるという現実であります。励めば励むほどに至誠心から遠い身であることが思い知らされることであります。

いつぞや第六宝楼観から華座観へと学びが移りますとき、あれほどに韋提希が「欣浄縁」において『**我《わ》れ今《いま》、極楽《ごくらく》世界《せかい》の阿弥陀佛《あみだぶつ》の所《みもと》に生《しょう》ぜんことを楽《ねが》ふ**』と佛陀釈尊に懇願しておきながら、もはや釈尊のお顔すら見あげることのできないほどに意気消沈した姿を、私なりに申したことがありましたね。ご記憶でしょうか。そのようなことは全く経文にはなかったのに、あえて頭《こうべ》をたれて苦悶している姿を述べましたのは、浄土の荘厳が説かれれば説かれるほど彼女にしてみれば、釈尊の至誠心あふれる御心に対して、何と大それたことを願ったものかと、浄土に生れる資格など微塵もない自分のなさけなさに打ちひしがれたからにちがいないと考えたからです。

経文にはなかったにもかかわらず、そのように彼女の姿を描写しましたのには、全く根拠のないことでもないのです。そのあと「華座観」のはじめに釈尊のお言葉が『**諦《あきら》かに聴《き》け、諦《あきら》かに聴《き》け**』とあらたまって二度もおなじお言葉を告げられたあと、彼女にむかって『**まさに汝《なんじ》がために苦悩《くのう》を除《のぞ》く法《ほう》を分別《ふんべつ》し解説《げせつ》すべし**（聖典九九頁）』と申されているからであります。このように申されたということは釈尊の眼前に苦悩の極にある彼女の姿があったからのことであったのだと思います。

わが子・阿闍世にそむかれて、この世に絶望し浄土に生れたいと楽《ねが》った彼女だったのですが、浄土を観想すればするほどに見えてきたのは彼女自身の雑毒の善行であり虚仮不実の身だったのです。

虚仮不実の身、雑毒の器。しかし、その身その器こそが阿弥陀如来の至誠心を体験していくものではないか、その体験はまた更に身のほど知らぬわが身の虚仮不実を知らされていく。至誠心をもって『**彼《か》の国《くに》に生《しょう》ぜんと願《がん》ぜよ**』と申されれば申さるるほど至誠になれないこの慚愧の心、この心のみが実は如来の至誠心を感じていくのです。それが釈尊が教えられた『**至誠心**』の本意であり、善導・親鸞二師のお心であります。

『深心』

次に『**三種《しゅ》の心《しん》**』の第二の『**深心《じんしん》**』に移ります。善導さまは『**深心**』を釈して、

「『**二つには深心《じんしん》**』と。『**深心《じんしん》**』といふは即《すなは》ちこれ深《ふか》く信《しん》ずる心なり。また二種《しゅ》あり。一には決定《けつじょう》して深《ふか》く、自身《じしん》は現《げん》にこれ罪悪生死《ざいあくしょうじ》の凡夫《ぼんぶ》、曠劫《こうごう》より已来常《このかたつね》に没《もつ》し常《つね》に流転《るてん》して、出離《しゅつり》の縁有《えんあ》ること無《な》しと信《しん》ず。二には決定《けつじょう》して深《ふか》く、彼《か》の阿弥陀佛《あみだぶつ》の、四十八願《がん》は衆生《しゅじょう》を摂受《しょうじゅ》したまふこと、疑《うたが》いなく慮《おもんばかり》なく彼《か》の願力《がんりき》に乗《じょう》じて定《さだ》めて往生《おうじょう》を得《う》と信《しん》ず（七祖四五七頁）」と申されています。これは度々学んできました。

『**深心**』すなわち深信の心とは、『**至誠心**』である如来の真実心を体とするものです。『**深心**』は『**至誠心**』から生ずるのです。阿弥陀如来の真実心が体となって『**深心**』を開くのです。

そして、この二種の深信について親鸞さまは「いまこの深信《じんしん》は他力至極《たりきしごく》の金剛《こんごう》心《しん》、一乗無上《いちじょうむじょう》の真実信海《しんじつしんかい》なり（聖典五二一頁・愚禿鈔下）」と讃嘆されています。

続いて問答が出てまいります。まあ、意訳しながら大略して申しますと、

「凡夫の私どもは知恵も浅く、障り惑うことの多いものです。それに教えの解

釈や修行のちがう人たちも多く彼等が私どもの学びを妨害し非難して、罪ぶかい凡夫が何で浄土に往生することができようかと申します。このような妨難《ぼうなん》をどのようにすれば退けて、信心をいただき決定するにはどうすればいいのでしょうか」という問です。

これに答えて、善導さまは「人に就《つ》いて信を立てる（就人立信《しゅうにんりっしん》）」ことと「行に就いて信を立てる（就行立信《しゅうぎょうりっしん》）」ことによって確かな信心をいただきなさいと答えられています。「就人立信」と「就行立信」、この二つの立場から浄土往生に対する妨難を乗り越えていけと説かれるのです。

まず「就人立信」ですが、その「人」とは佛陀釈尊であり十方の諸佛がたです。いかに十地までの菩薩たちが佛陀釈尊が説かれた浄土三部経を批判されても、この信心にゆらぎはない。羅漢・縁覚・菩薩たちの妨難など、かえって、この信心は増長し成就するばかりである。なぜなら浄土三部経以外の経典でもって、いかに私どもの信心を批判し妨難されても、それは時が違い、処がちがい、機類もちがうし、それによって受ける利益もちがうのである。だから佛陀釈尊が説かれた浄土三部経の往生浄土の教えは時機相応の経典であるばかりでなく一切の諸佛がたが浄土往生まちがいなしと称讃され証明されているからだと。これを就人立信（人に就いて信を立てる）といわれているのです（七祖四五九～四六三頁概説）。

次に「就行立信＝行に就いて信を立てる」というのは次のようなものです。まず、行について正行と雑行の二種があると申され、その正行とは往生経（浄土三部経）によって行ずることをいい、それに五種の行を立てられるのです。それを五正行といわれます。雑行とは往生経以外の経典によって行ずるをいいます。

五正行とは、

①一心に専《もっぱ》ら浄土三部経を読誦す。
②一心に専注して浄土荘厳を観想す。
③一心に専ら阿弥陀佛を礼拝す。
④一心に専ら阿弥陀佛を称す。

⑤一心に専ら阿弥陀佛を讃嘆供養す。

の五種をいわれます。

次に、この五正行の中に正定業と助業の二種を分けて①読誦②観察③礼拝⑤讃嘆供養の四つを助業とし④称名を正定業とされるのです。「一心《しん》に専《もっぱ》ら弥陀《みだ》の名号《みょうごう》を念《ねん》じて、行住坐臥《ぎょうじゅうざが》に時節《じせつ》の久近《くごん》を問《と》はず念々《ねんねん》に捨《す》てざるは、これを正定《しょうじょう》の業《ごう》と名づく。彼《か》の佛願《ぶつがん》に順《じゅん》ずるが故《ゆゑ》なり（七祖四六三頁）」と申され、この五正行は心がつねに阿弥陀佛に親近《しんごん》して憶念が断《た》えることがないので「ゆゑに『**深心**』と名づく」といわれて深心釈を終ってあるのです。

閣《かく》・抛《ほう》・傍《ぼう》

この善導さまの文が、五百年の歳月を経て海を渡り、法然さまの眼前に現われたとき、法然さまの感動はいかばかりであったことでありましょう。法然さまが

「偏《ひとえ》に善導《ぜんどう》一師《し》に依《よ》る（七祖一二八六頁・選択本願佛念集）」と言い切られるほどの感動だったのです。

法然さまは「選択集《せんじゃくしゅう》」の中で、問を設けられて「何《なん》が故《ゆゑ》ぞ五種《しゅ》のなかに独《ひと》り称名念佛《しょうみょうねんぶつ》をもって正定《しょうじょう》の業《ごう》となすや（七祖一一九四頁）」に答えて「彼《か》の佛願《ぶつがん》に順《じゅん》ずるが故《ゆゑ》に＝順彼佛願故」と、たったこの五文字をもって言い切っておられるのです。法然さまの長年にわたる修行と勉学は、この五文字によって決せられたと申して過言ではないのです。

法然さまは自著『選択本願念佛集』を結ぶにあたり、この善導さまの「就行《しゅうぎょう》立信《りっしん》」の正雑二行の説を、さらに発展し己証されまして、

「それ速《すみ》やかに生死《しょうじ》を離《はな》れんと欲《おも》はば、二種《しゅ》の勝法《しょうぼう》のなかに、暫《しばら》く聖道門《しょうどうもん》を閣、（さしお）きて選びて浄土門《じょうどもん》に入《い》るべし。

浄土門《じょうどもん》に入《い》らんと欲《おも》はば、正雑《しょうぞう》二行《ぎょう》のなかに、暫《しばら》く諸《もろもろ》の雑行《ぞうぎょう》を抛、（なげす）てて選《えら》びて正行《しょうぎょう》に帰《き》すべし。

正行《しょうぎょう》を修《しゅ》せんと欲《おも》はば、正助《しょうじょ》二業《ごう》のなかに、なほ助業《じょごう》を傍（かたわ）らにして選《えら》びて正定《しょうじょう》を専《もっぱ》らにすべし。正定《しょうじょう》の業《ごう》とは、すなはちこれ佛名《ぶつみょう》を称《しょう》するなり。名《みな》を称《しょう》すれば、必《かなら》ず生《しょう》ずることを得《う》。佛《ぶつ》の本願《ほんがん》によるが故《ゆゑ》なり（七祖一二八五頁）」と。

古来、三選の文といわれ、親鸞さまはこの文を選択集標宗の文である「南無阿弥陀佛・往生の業には念佛を本と爲す（七祖一一八二頁）」とともに『教行信証』の「行巻」の大行釈に引用してありますのは、ご存知のところです。なんともラジカルな閣（かく）・抛（ほう）・傍（ぼう）でありますが、これとて独断ではなく竜樹さまの難・易二道以来の大乗仏教の二千年にわたる伝統（自立の連帯）を踏まえた当然の己証であることを確認しておきたいと思います。

『回向発願心』

さて『**三種の心**』の第三の『**回向発願心**』に移ります。

深心釈に見られたように、われらが至誠たらんとすれば、現実は至誠たりえない、その至誠たりえない心が、深心釈において第一の機の深信の生れるところとなり、同時に第二の法の深信が用意されていたのです。つまり第二の『**深心**』は、第一の『**至誠心**』を体とするものでありました。換言すれば『**至誠心**』とは阿弥陀如来の真実心であることにおいて、第二の『**深心**』は生れたのであります。

このことは第三の『**回向発願心**』においても同じでありまして、回向発願心は『**深心**』つまり二種深信を体とするものであります。

まず善導さまは回向発願心を解説されるにあたり次のように申されています。

「回向発願心《えこうほつがんしん》というは過去《かこ》および今生《こんじょう》の身《しん》・口《く》・意《い》の三業《ごう》によって修《おさ》めた世《せ》

間《けん》・出世間《しゅっせけん》の善根《ぜんこん》と、また他《た》の一切《いっさい》の凡夫《ぼんぶ》や聖者《しょうじゃ》がたの身《しん》・口《く》・意《い》の三業《ごう》によって修《おさ》めた世間《せけん》・出世間《しゅっせけん》の善根《ぜんこん》とを共《とも》に喜《よろこ》んで、そのことごとくをみな真実《しんじつ》の深《じん》信《しん》の心中《しんちゅう》に回向《えこう》して、往生《おうじょう》しようと願《ねが》う、それを回向発願心《えこうほつがんしん》と名《な》づけるのである（七祖四六四頁・意訳）」と。

まあ、これは云うまでもなく当然のことですね。われわれの修めるあらゆる行や善根は、すべて浄土にふりむけて（回向して）ひとえにその往生を願う、これは当り前といえば、そのとおりでありますす。回向発願心というのですからね。

そして、その回向発願する心というものは、この世が五濁にみちた救いがたい境界であって、この世に未練を残すものはひとつも無い、権力も名誉も財産も残すことに努力を尽すことなど微塵もなく、この世の諸々の価値一切を捨てきって、すべてを往生浄土へと回向する真剣な願いを持つこと、そのような心をいうことは、これまた至極当然のことです。

だから善導さまは回向発願心を解説されるにあたり、まずもって自・他の身口意の三業によって修めた善根を喜んで浄土へとさしむけて往生を願えと説かれたのであります。

ところが現実はどうかといえば「いささか所労《しょろう》（病気）のこともあれば、死《し》なんずるやらんとこころぼそくおぼゆること（聖典八三七頁・歎異抄）」もあるのが、われわれの正直な事実であり、「浄土へいそぎまゐりたき（仝）」心がないばかりか「久遠劫《くおんごう》よりいままで流転《るてん》せる苦悩《くのう》の旧里《きゅうり》はすてがたく、いまだ生《うま》れざる安養《あんにょう》浄土《じょうど》はこひしから（仝）」ざるのが現実の心根であります。

だからといって、この世に満足しているかといえば、決してそうではなく四苦八苦・三苦（苦苦《くく》・壊苦《えく》・行苦《ぎょうく》）といわれる苦の矛盾に懊悩《おうのう》しているのも事実であります。

かくして、自力による回向発願心の成就しないこと、浄土往生を願う心は如来の本願力の回向によってのみ成就されるものであることを覚知するのでありましょう。善導さまは続けて次のように申されるのであります。

「また回向発願《えこうほつがん》して（浄土に）生《しょう》ぜんと願《がん》ずるものは、必《かなら》ずすべからく決定《けつじょう》して（如来の）真実心《しんじつしん》のうちに回向《えこう》したまへる願《がん》を須（もち）いて得生《とくしょう》（浄土に生れることを得た）の想《おもい》をなせ（七祖四六四頁）」と。

もちろん、これは親鸞さまの読み方であって、従来は次のように読まれていたものです。

「必ず須（すべから）く決定して真実心のうちに回向し願じて得生の想をなすべし」と。善導さまが、どちらの思いで筆をとられたのか、それは漢文（白文）でありますからたずねる術《すべ》はないわけです。しかし親鸞さまは、そう読まれたのです。まさに「面々の御はからひ（各自のお考え）なり（聖典八三三頁・歎異抄）」であります。

このように親鸞さまは、『**回向発願心**』といっても、それは自力の善根を如来に回向し発願する心ではなくて、如来より回向された発願心なのであります。すなわち回向発願心とは、二種深信を体として自力の善根を回向して浄土往生を発願するという心をひるがえして、如来の本願力の回向による他力の発願心であります。

続いて善導さまは名高い「二河の譬《たとえ》」を説かれるのです。二河譬《がひ》については道綽さまの『安楽集（上）・七祖二二六頁』にも散見されるようですが、何といっても善導さまの二河譬がもっとも有名です。ただ名高いというのではなく、この二河譬こそ善導さまの観無量寿経だと申すことができるものです。今回は残念ながら割愛せざるを得ません。

二種深信

以上『**三種の心**』を善導さまの解説をもとにして学んできましたが、金子大栄師は「『**至誠心**』をわれらに求むれば、帰するところ『**深心**』の第一、すなわち機の深信になるのでありますす（観経講話三八三頁）」と申され「『**回向発願心**』は第二の深信、すなわち法の深信ということに帰するのであります。「佛の本願によって、吾々が往生させていただくのであるということを本当に信ぜしめられるところの道が回向発願心である」と申されています。

このようにして『**至誠心**』と『**回向発願心**』が『**深心**』に摂《おさ》まり、いわゆる機・法二種の深信というものになる、それで観無量寿経は定散二善が説かれるけれども、結局は称名念佛のほかにないのであります。

それは善導さまが正・雑二行の中で「一心《しん》に専《もっぱ》ら弥陀《みだ》の名号《みょうごう》を念《ねん》じて、行《ぎょう》住《じゅう》坐《ざ》臥《が》に時節《じせつ》の久近《くごん》を問《と》はず念々《ねんねん》に捨《す》てざるは、これを正定《しょうじょう》の業《ごう》と名《な》づく。彼《か》の（阿弥陀）佛《ぶつ》の願《がん》に順《じゅん》ずるが故《ゆゑ》なり（七祖四六三頁）」と申されていることで明らかなことです。

このように善導さまが前代未聞の境地を開かれました根本には至誠心釈に於て「一切衆生の身・口・意の三業によって修めるところの解行《げぎょう》（教法を知解し行を修めること）は必ず阿弥陀佛の真実心によって作《な》された真実の行業を須《もち》いる、云いかえるなら、その真実心をいただくことによって、はじめて至誠心は衆生のうえに成就することができるのだ」といわれましたように、善導さまの立っておられる基盤が、大無量寿経に説かれている如来本願の真実の行業にあることは、もはや明らかであります。そして、その如来の本願（因）による真実の行業の成就（果）こそ南無阿弥陀佛の名号なのであります。

かくして『**三種の心**』とは、阿弥陀如来の願行ともに具足した南無阿弥陀佛のみ心として読みとられたのが善導さまの三心釈《さんじんしゃく》の趣意であります。

このように善導さまが開顕されました他力回向の三心があって、ひるがえって自力各別の三心も成立する基礎が与えられるのでありましょう。だから『**三心《しん》を具《ぐ》するものは、必《かなら》ず彼《か》の国《くに》に生《しょう》ず**（聖典一〇八頁）』と説かれているのです。ここで『**必ず**』といわれている、その『**必ず**』とは阿弥陀佛の本願力によるが故に『必ず』なのです。ここに、先きほどもふれましたように、「即往生（報土往生）」と「便往生（化土往生）」とに分けられた親鸞さまの『**即便往生**（聖典一〇八頁）』の解釈が出てまいります趣意があるのですね。

阿弥陀如来の四十八願に真実の願と方便の願があるのはそのためではないですか。ここでも、かつて学びました雑想観の**『阿弥陀佛《あみだぶつ》は神通如意《じんずうにょい》にして、十方《じっぽう》の国《くに》において変現自在《へんげんじざい》なり**（聖典一〇七頁）』のあの**『神通如意』**の経言を憶いだしてほしいですね。「衆生の意の如く」を決して拒否なさらない、衆生の意に添いつつ如来の意を遂げんとされる如来の「悲願《ひがん》（聖典三七五頁・三九九頁）」を憶い出してほしい、「すでにして悲願います」ことを。

以上、善導さまは「三心釈」を結ばれるにあたり「三心《しん》すでに具《ぐ》すれば、行《ぎょう》として成《じょう》ぜざるはなし。願行《がんぎょう》すでに成《じょう》じて、もし生《しょう》ぜずは（浄土に生き、生れることがなかったら）、この処《ことわり》あることなからん（この道理があるはずがない）七祖四七〇頁」と申されていますが、「三心すでに具すれば」とは三心の中心である二種深信の成就を指すことであり「願行すでに成じて」とは、願行具足の南無阿弥陀の名号であることはご了解のことと存じます。

九品開説の理由

さて上品から下品までの九品の散善に移って行くのですが『三心《しん》を具《ぐ》するものは必《かなら》ず彼《か》の国《くに》に生《しょう》ず（聖典一〇八頁）』と散善のはじめに経言があるのに、なぜにこの上に九品の正行が説かれなければならないのでありましょう。もはやご推察のことと存じますが『三種《しゅ》の心《しん》』をおこすことが、いかに至難なことであるかの洞察もせずして、『三心』を軽視してしまうのがわれらであるからです。信を軽ろんじて「行」を重視するのがわれわれ衆生ではないでしょうか。信は見えませんし、行は見えますからね。滝行《たきぎょう》・回峰行《かいほうぎょう》・坐禅・メディテーション等々。火の上を歩いたり、ゴマを焚いたり、崖から逆さにぶらさがったり、さまざまです。

そこで如来の神通力は「衆生の意の如し」でありまして「かの衆生の思いに随っ

て、みな応じて衆生を度す」のです。

だから行を重んずる衆生の心根に添って、如来は方便の願（例えば第十九願・第二十願ですね）と真実の願（第十一、第十二、第十三、第十七、第十八願）を発《おこ》されて、方便から真実へと誘引されるのです。観経は、その故に方便の願を四十八願の中に開かれるのです。親鸞さまが「観経《かんぎょう》には方便《ほうべん》・真実《しんじつ》の教《きょう》を顕《けん》彰《しょう》す（聖典三九二頁）」といわれ「すなはち観門《かんもん》をもって方便《ほうべん》の教《きょう》とせるなり（聖典三八三頁）」と申されるのは、そのためです。

だから如来は衆生が信よりも行を重んずるために、その意に添って散善九品の行を開きながら、ついには如来の意の如く真実なる名号、願行具足の名号を称えるという念佛往生の道まで誘引されるのであります。

このことを、しっかり確認して九品に移ることにいたします。今晩はこれで終ります。

第三講

『三種の衆生』

まず経文を読みます。上品上生の第五段から第八段までまとめて読んでみます。

『復《また》、三種《しゅ》の衆生《しゅじょう》あり。当《まさ》に往生《おうじょう》を得《う》べし（第五段）。

何等《なんらか》をか三《み》つとする。一《ひと》つには慈心《じしん》にして殺《ころ》さず。諸《もろもろ》の戒行《かいぎょう》を具《ぐ》す。二《ふた》つには大乗方等経典《だいじょうほうどうきょうてん》を読誦《どくじゅ》す。三《み》つには六念《ろくねん》を修行《しゅぎょう》す（第六段）。

回向発願《えこうほつがん》して彼《か》の国《くに》に生《しょう》ぜんと願《がん》ず（第七段）。

此《こ》の功徳《くどく》を具《ぐ》すること一日乃至七日《いちにちないししちにち》すれば即《すなは》ち往生《おうじょう》を得《う》（第八段・聖典一〇八頁）』

まず、はじめに**『また三種の衆生あり』**といわれているのですが、この『三種の衆生』とは何をさすのかよくわからないですね。

『三種』とは上品・中品・下品の三種をさすのか、それとも上品上生、上品中生、上品下生をさすのか、よくわからない。

もちろん、ここは**『上品上生といふは』**と第二段にいわれているのですから

『上品上生《じょうぼんじょうしょう》』のことを云われているのではないかと思われるのですが**『復、三種の衆生あり』**と**『復』**の文字があるのですから、**『上品上生』**に限って申されているのでもなさそうですね。

そのあと、第六段では**『何等《なんらか》をか三となす。一つには…』**と続いていまして、三つの行が出てくるわけでして、これは以下他の八品にもそれぞれ行がでてくるのですから、この三つの行は**『上品上生**＝以下・上・上と略称します**』**の機類の行であることは、はっきりしています。

善導さまは、この第五段を解説されて「まさしく機《き》のよく法《ほう》を奉《う》け、教《きょう》によりて修行《しゅぎょう》するに堪《た》へたるを簡《えら》ぶ（区別する）ことを明《あ》かす（七祖四七〇頁）」と申されてありますから、この**『三種の衆生』**とは上品・中品・下品の三種と読んで、散善を修める全衆生・つまり上・上から下・下までの衆生を指すものだと読みたいと思います。なぜなら下・下の経文にも『一念《いちねん》のあひだのごとくに、すなはち極楽世界《ごくらくせかい》に往生することを得《う》（聖典一一六頁）』とあるのが**『復、三種の衆生あり。**

当《まさ》に往生《おうじょう》を得《う》べし』というこの第五段の経文を証明しているわけですから。

よって、この第五段から第六段へのつながりは、次のように読めばいいのでしょう。

「散善を修めんとする衆生よ。あなたたちの機類は上品・中品・下品の三種に分けることができるのだが、いまから説く行をそれぞれの機のところで実践すれば、まさに浄土に往生することができるのである。ところで上品の中でも上生の部類に入る機である上・上の人びとは次の三つの行を修めるものをいうのである。その三つの行とは何であるかというと、一つには…」と、このように読めばどうでしょうか。

『三』という数字が次々と出てきますから何の『三』なのか迷ってしまうわけですね。

行は生活である

さて上・上の人々が修する行は三つあります。十一門表では○に洋数字を入れて「項」とします。以下そのように呼びます。

①『慈心不殺《じしんふせつ》』です。善導さまは「殺業《せつごう》に多種《たしゅ》あり（七祖四七〇～四七一頁）」と詳しく解説されてあります。まず殺業に口殺《くせつ》（殺すことを口業で許可すること）、身殺《しんせつ》（身手《しんしゅ》等を動かし指授《しじゅ》すること）、心殺《しんせつ》（心に方便を思念して計画すること）があり、また自ら殺《せつ》せざるを止善《しぜん》（殺すな）、他を教えて殺《せつ》させざらしむるがゆえに行善《ぎょうぜん》（殺させるな）、自他はじめて断ずるを止善《しぜん》（殺されるな）というなど興味ぶかく、現代にも通じる課題です。

『慈心』については「一切の生命《しょうみょう》において慈心《じしん》を起《おこ》すは、即《すなは》ちこれ一切衆生《いっさいしゅじょう》に寿命安楽《じゅみょうあんらく》を施《ほどこ》す」もので「これ、最上勝妙《さいじょうしょうみょう》の戒《かい》」だといわれています。

『**慈心不殺**』は散善顕行縁の世福の第三福に出ていたものでしたね。

『**諸の戒行を具す**』については、小戒と菩薩戒とあり、これは散善顕行縁においては小・大乗のちがいはありますが戒福にあたるものです。
②『**大乗方等経典を読誦す**』は、散善顕行縁では行福の第三福『**大乗を読誦す**』にあたるものですが、この場合の『**方等**』は智顗《ちぎ》が言う五時教判の方等ではなく大乗・普遍平等の意であります。
③『**六念を修行す**』とは、念佛・念法・念僧・念戒《ねんかい》・念捨《ねんしゃ》・念天《ねんでん》の六念をいいます。特に「念捨」は「捨てがたきをよく捨て、内に捨て外に捨て、内外に捨つるを念ず。ただ法を念ぜんと欲して身財を惜しまず…身命を捨つる意をなすべし」と善導さまは申されています。布施とは本来そのような意味を持つものなのでしょう。散善顕行縁では行福の第四『**行者を勧進す**』や戒福の第一『**三帰を受持**』にあたるものでしょう。
ところが、さきほども学びましたように『**上品上生**《じょうぼんじょうしょう》**といふは、もし衆生**《しゅじょう》

ありて、彼《か》の国《くに》に生《しょう》ぜんと願《がん》ずるものは、三種《しゅ》の心《しん》を発《おこ》して即便往生《すなわちおうじょう》す（聖典一〇八頁）』といわれ『**三心《さんしん》を具《ぐ》する者《もの》は、必《かなら》ず彼《か》の国《くに》に生《しょう》ず**（仝頁）』といわれているのですから、別に今ここに挙げられている行がなぜ必要なのでありましょうか。

もはや学びましたように、三心の何たるかが決定的に欠落しているからであります。如来の真実心である『**至誠心**』の凝視の欠落ですね。さらに申せば『**至誠心**』を体とする『**深心**』それを開けば二種深信の欠落、そして法の深信より生れた『**回向発願心**』の決定的な無視です。このために上・上から下・下まで九品の行を立てねばならなかったのです。つまり宗教心を軽んじて行を偏重し、そこにかくれている憍慢心についての無自覚が真実を覆ってしまうのです。

世間一般が宗教を見る場合でもそうではないですか。冬のきびしい寒さの中で滝にあたったり、回峯行といってけわしい山道を千日間つづけたり、何日間も断食・断水・不眠の行をする、それらが普通日常の中では考えられないような荒っぽい修行をする、荒行《あらぎょう》といいますね。日常生活とちがった非日常的な修行をするものが、宗教の優秀性を評価する基準にする、それは世間のおおかたの宗教観ではないですか。極端なところでは坐ったまま空中を浮遊していると写真のトリックで観せたり、焚火の上を歩いてみせたり、そんなことが宗教的な聖なる行として評価されるのです。

十年もまえでしたか、九州の山中で即身成佛するのだといって、雪国でみられるカマクラみたいな土盛りを作って何日間かその中に籠ったひとがありました。たくさんの見物人が集ったようです。何のことはない、それをやる前にその行者はマスコミに案内状を出していたといいます。特別な超人的行為ばかりが宣伝されて、それらの行をやろうとした動機である心は見えないから、心は軽んじられてしまうのです。動機の不純は、見える非日常的な修行という行為によって覆われてしまうのです。

鈴木大拙師が晩年、親鸞さまの『教行信証』を英訳されたとき、「行」をLIVING(リビイング＝生活）と表現されたことは有名な話です。日暮らしを離れて「行」はない、浄土真宗を在家佛教といい切ってしまうのには、少々躊躇がありますけれども、浄土真宗の行相は普段の生活そのものが如来から回向された念佛申していく修道《しゅどう》の場となるのでありましょう。

家を出るのが普通の出家なら、浄土真宗の出家は家に出るのが出家であります。

大無量寿経に『**憍慢《きょうまん》と蔽《へい》と懈怠《けだい》とは、もってこの法《ほう》を信《しん》ずること難《かた》し**（聖典四六頁）』といわれるけれども、宗教心が軽視され行が偏重されるのは、機・法二種の深信が蔽《おお》われてしまうからです。

例をだせば、数年前、執行された本願寺（お西）派の蓮如上人五百回法要を振りかえって考えたらわかるではないですか。イノベーションとか蓮如フェスタというキャッチ・フレーズのどこに二種深信の表現が感得できたでしょう。殊に機の深信の片鱗さえなかったというのが私の感想であります。遠く儀礼論の欠落が因となっているのは確かです。

話をもどしますが、第七段の『**回向発願《えこうほつがん》して彼《か》の国《くに》に生《しょう》ぜんと願《がん》ず**』といわれます場合の回向とは、文脈からいいましても、以上の三種にわたる修行を方便として浄土往生という目的にさしむけることです。善導さまも、「『**回向発願《えこうほつがん》して**』より以下《いげ》は、まさしくおのおの前《さき》の所修《しょしゅ》の業《ごう》を回《え》して、所求《しょぐ》（浄土）の処《ところ》に向《む》かふことを明《あ》かす（七祖四七三頁）」といわれています。それも一日乃至七日であって、第八段では『**此《こ》の功徳《くどく》を具《ぐ》すこと、一日乃至七日《いちにちないししちにち》にして即《すなは》ち往生《おうじょう》を得《う》**』といわれていることからでも明らかです。ここにも『**神通、意の如し**』が、衆生の意の如しに添って申されるのでありましょう。

だから、ここで『**往生**』といわれているのは、行

者の身の命終、すなわち臨終往生であります。善導さまも次の第九段の大意をのべられるところで「まさしく命終のときに臨みて…（七祖四七三頁）」と申されていますからね。

九品はすべて臨終往生です。『即便往生』で申せば『便往生』であります。

『弾指《だんじ》の頃《あいだ》』

次へ移ります。第九段の経文を読みます。

『①彼の国《くに》に生《しょう》ずる時②此《こ》の人《ひと》、精進勇猛《しょうじんゆうみょう》なるが故《ゆゑ》に③阿弥陀如来《あみだにょらい》は④観世《かんぜ》音《おん》・大勢至《だいせいし》・無数《むしゅ》の化佛《けぶつ》・百千《ひゃくせん》の比丘《びく》・声聞《しょうもん》の大衆《だいしゅ》・無数《むしゅ》の諸天《しょてん》⑤七宝《しっぽう》の宮殿《くでん》と与《とも》に⑥観世音菩薩《かんぜおんぼさつ》は金剛《こんごう》の台《うてな》を執《と》りて、大勢至菩薩《だいせいしぼさつ》と与《とも》に行者《ぎょうじゃ》の前《まえ》に至《いた》る。⑦阿弥陀佛《あみだぶつ》は、大光明《だいこうみょう》を放《はな》ちて行者《ぎょうじゃ》の身《み》を照《て》らし⑧諸《もろもろ》の菩薩《ぼさつ》とともに手《みて》を授《さず》けて迎接《こうしょう》したまふ。

⑨観世音《かんぜおん》・大勢至《だいせいし》は、無数《むしゅ》の菩薩《ぼさつ》とともに行者《ぎょうじゃ》を讃嘆《さんだん》してその心《こころ》を勧進《かんじん》したまふ。
⑩行者見已《ぎょうじゃみをは》りて歓喜踊躍《かんぎゆやく》し、自《みづか》らその身《み》を見《み》れば金剛《こんごう》の台《うてな》に乗《じょう》ぜり。
⑪佛《ぶつ》の後《しりえ》に随従《ずいじゅう》して、弾指《だんし》の頃《あいだ》の如《ごと》くに、彼《か》の国《くに》に往生《おうじょう》す』

これが善導さまが科文された第九段ですが、これを十一項に分けて解説されています。項には数字を入れています。

この第九段の大意を、善導さまは「正《まさ》しく命終《みょうじゅう》の時《とき》に臨《のぞ》みて、聖来《ひじりきた》りて迎接《こうしょう》したまふ不同《ふどう》（ちがい）と、去時《こじ》（浄土に往生すること）の遅疾《ちしつ》（おそいとはやいと）とを明《あ》かす（七祖四七三～四七四頁）」と解説されています。

つまり臨終のとき聖聚がたの来迎と、浄土に生ずるときの遅速のちがいが説かれているところなのです。

この来迎と往生の遅速のちがいについては、これから下・下まで学ぶあいだに自ら明らかになってきますが、「十一門」の一覧表を参照にしながら学んでください。

ここの出ておいでになる『**阿弥陀佛**（**第三項**）』は、そのあと『**無数《むじゅ》の化佛《けぶつ》**（**第四項**）』が出てこられますので化身ではなくて報身の阿弥陀佛だといわれていますが、まみえる行者によっては化身の阿弥陀佛と見えても、それを妨げるものではないといわれています。

と申しますのも、もし行者が報身の阿弥陀佛としてまみえることのできる行者であるなら、その行者の信心は真実の信心であることをあらわしているといわれます。しかし顕彰隠密の義においては、表面上は自力の信心であり、たとえ化身の阿弥陀佛であったとしても、親鸞さまは「報（身）中の化（身）」だと申されるのですから、ここに出ています『**精進勇猛《しょうじんゆうもう》**（**第二項**）』には自力の信心をあらわす意味と「真心徹到《しんしんてっとう》（七祖三七四頁）」をあらわす真実の信心の意味とがあるように考えます。しかし阿弥陀佛の「果遂《かすい》の誓《ちかい》（聖典三九九頁＝遂には必ず第十八願に転入を果《はた》し遂《と》げさせるという誓願）」の故に行者の自力の信心を他力の真実信心にまで止揚《しよう》せしめていくのでありましょう。

『金剛台（第六項）』で思いだしますのは清沢満之師の「自己とは何ぞや。絶対無限の妙用に乗托して任運に法爾に現前の境遇に落在せるもの、すなわちこれなり」といわれる言葉です。善導さまは「乗彼願力（七祖四五七頁）」とも申されていますね。この言葉はご存知のとおり「法の深信釈（七祖四五七頁）」に出てくるのですが、「彼の願力に乗ずれば」と条件的に読まずに、清沢師の言葉のように「絶対無限の妙用に乗托……落在せるもの」こそが真の自己である、「任運に法爾に」遠く自我の思慮分別を越えて落在しているものこそ、すなわち自己である。この自己のめざめが「すなわち、これなり」です。「彼の願力に乗ずれば」ではなくて、任運に法爾に乗托し落在しているものこそ真の自己であったというめざめです。だから善導さまの「乗彼願力」は彼の願力に「疑いなく慮《おもんばか》りなく」乗じている事実の確認として頂戴する、それが法の深信ですね。確認とはAWAKE（めざめ）ですね。

『**金剛台**』とは、清沢満之師の言葉では「絶対無限の妙用」であり、善導さまの言葉では「乗彼願力」であります。『**金剛台**』は、これらの言葉の象徴的表現と申してよいものであります。経典では行者の命終の時に観音菩薩が金剛台を執って勢至菩薩と一緒になって行者の前に来てくださることになっていますが、お二人の言葉では今生での信心獲得のときに『**金剛台**』に乗托している本来の真の自己に出遭っためざめを云っているのです。

清沢満之師の求道で感動的なのは、その問です。「阿弥陀佛とは何か?」という問ではなくて「自己とは何か?」という人類普遍の問から阿弥陀仏（絶対無限の妙用）に出遇われたところが見事という他ないですね。

どれほど思惟をつくしても、自分が何処から来たのかもわからない、何処へ行くのかもわからない、いやいや、今の自分すら何者であるかもわからない、そもそも自己とは何ぞやという問から五里霧中である。そこで値遇《ちぐう》せざるを得なかったのが阿弥陀佛だったのです。真剣な自己模索の中で、ふと振りかえってみたとき自己を自己たらしめてきた無限の過去からの大いなるいのちの流れの中に生かしめられ、そのど真中に任運に法爾に落在しているものこそ自己だったという発見ですね。

この自己、絶対無限の妙用と一如なる自己を私は「身」といただき「土」といただいています。この身は行きづまることがない。行きづまっているのは思慮分別をくりかえしている自我であります。だからといって思慮分別をやめるということではありません。身土を自己とめざめたかぎり、思慮分別のかぎりを尽すことができるのです。そして、その結果がつねに「現前の境遇に落在せる」自己との出遇いなのであります。その証しが南無阿弥陀佛なのです。

『**歓喜踊躍**《かんぎゆやく》**（第十項）**』の文言は、歎異抄第九条の「念佛申し《ねんぶつもう》候《そうろ》へども、踊躍《ゆやく》歓喜《かんぎ》の心《こころ》おろそかに候《そうろ》ふこと…」の言葉が思いだされます。上・上の場合は行者が『**命終の時**』のことですが、歎異抄の話は唯円が、まだ今生にあるときの問です。この問に親鸞さまは「しかるに佛《ぶつ》かねて知《し》ろしめして、煩悩具足《ぼんのうぐそく》の凡夫《ぼんぶ》と仰《おお》せられたることなれば、他力《たりき》の悲願《ひがん》はかくのごとし、われらがためなりと知《し》られて、いよいよたのもしくおぼゆるなり」と続くのです。喜べない「不審」をも捨て得ないというのが、第二十願の『**不果遂者《ふかすいしゃ》、不取正覚《ふしゅしょうがく》＝果遂せずば正覚を取らじ**（聖典一八頁）』です。

このところを親鸞さまは「阿弥陀如来、もと果遂《かすい》の誓《ちかい》を発《おこ》して、諸有《しょう》の群生《ぐんじょう》海《かい》（われら）を悲引《ひいん》したまへり。すでにして悲願《ひがん》まします…不果遂者《ふかすいしゃ》の願《がん》と名《な》づく（聖典三九九〜四〇〇頁）」といわれています。「かくのごときのわれらがため」に「すでにして悲願まします」なのです。「他力の悲願」は念佛申しても「歓喜の心おろそかに」「いそぎ浄土へまゐりたき心のなくて」願生心すらなくなってしまうわれらがためにこそあるのです。

これは上・上の機類から離れてしまうのですが、信順と疑謗（不審）の問題です。ひとたび『**精進勇猛**』に浄土に往生したいと願いを発《おこ》して「歓喜踊躍」のよろこびにひたることがあっても、時の経過とともに、いつのまにか、その信順は冷えきってしまって、これでよいのであろうかと、疑謗の心が生れてしまうのですね。歎異抄では「不審」です。その「不審」について歎異抄では「親鸞もこの不審ありつるに唯円房おなじ心にてありけり」といわれるのです。

野間宏氏は、このところを「自分もこの疑問は前々からあったのだが唯円房まさに同じ心持ちだったのだね」（『歎異抄』九五頁）と口語訳してあります。ここの「前々からあったのだが…」は、昔はあったが今はないというのではないのでしょう。昔からあって今もあるのだという意味にとるべきです。

親鸞さまは、そこのところを「信順《しんじゅん》を因《いん》とし、疑謗《ぎぼう》を縁《えん》として、信楽《しんぎょう》（第十八願の真実の信心）を（如来の）願力《がんりき》に彰《あらわ》し、妙果《みょうか》（さとり＝涅槃

寂静）を安養《あんにょう》（浄土）に顕《あらわ》さん（聖典四七三頁・『教行信証』仮身土巻）」といわれています。この場合の信順は観経の信心といってよいでしょう。第十九願の信心です。第二十願の信心です。

その信順が第十八願の信楽に照されるとき、それは疑謗となって自覚されるのです。「親鸞もこの不審ありつるに…」といわれるのは第十八願の真実信心に照らされている証拠でしょ。

だから「あなたは真実の信心をいただかれましたか」「信楽をいただかれましたか」と問われたら「とても、とても。ただただ如来さまの本願力におまかせするばかりです」としか云う他にないのですね。それが「信楽を願力に彰し」ということですね。それは「私は真実の信心（信楽）を得ました」とはいえないような信心なのです。私の信心なんて云えない、恥しくて云えるものではない、信心のほうが私より大きいのですから、含羞《がんしゅう》なしに表現できないような信心です。だから「信楽」は一点の自我をも拂底《ふってい》した「本願力」に彰わすのです。よって佛教の法印である諸法無我は親鸞さまにとっては「信楽を願力に彰し」転換され、涅槃寂静という妙果（さとり）は安楽浄土をもって顕わされたのです。

聖覚法印《せいかくほういん》のことばを借りて申せば「これをみん人《ひと》、さだめてあざけりをなさんか。しかれども、信謗《しんぼう》ともに因《いん》として、みなまさに浄土《じょうど》に生《うま》るべし（聖典一三五六頁）」といわれているところです。経文にもどりましょう。

『弾指《だんし》の頃（あいだ）の如《ごと》くに、彼《か》の国《くに》に往生《おうじょう》す（第十一項）』といわれますね。

「弾指」とは指を弾《はじ》くパチッというあいだにということでしょう。

親鸞さまは「時剋《じこく》の極促《ごくそく》（聖典一七〇頁）」と云われています。時間のきわまりです。時剋の極促が思想的な時刻の表現というなら「弾指の頃」とは具象的な詩的な表現です。お釈迦さまも、なかなかの詩人ですね。

とにかくも上・上の機類が**『彼《か》の国《くに》に生《しょう》ずる時《とき》』**、この第九段のなかでおきた十一項の事件がすべて**『弾指《だんし》の頃《あいだ》』**におきているのです。

この経言は、『般舟讃《はんじゅさん》（七祖七三三頁）』で、善導さまに使用されています。

「弥陀国《みだこく》の遠近《おんごん》を知《し》らざれば
佛言《ぶつのたま》はく『十万億《まんおく》を超過《ちょうか》せり』
道里遥《みちのりはる》かなりといへども
足《あし》をもって到《いた》らざれば
弾指《だんし》の頃《あひだ》に宝池《ほうち》に入《い》る」と。

次に移りましょう。第十・十一・十二段です。
『彼《か》の国《くに》に生《しょう》じ已《をは》りて、佛《ぶつ》の色身《しきしん》の衆相具足《しゅそうぐそく》せるを見《み》、諸《もろもろ》の菩薩《ぼさつ》の色相具足《しきそうぐそく》せるを見《み》る。光明《こうみょう》の宝林《ほうりん》、妙法《みょうほう》を演説《えんぜつ》す。聞《き》き已《をわ》りて即《すなは》ち無生法忍《むしょうぼうにん》を悟《さと》る。須臾《しゅゆ》の間《あいだ》を経《へ》て諸佛《しょぶつ》に歴事《りゃくじ》し、十方界《じっぽうかい》に偏《へん》して諸佛《しょぶつ》の前《みまえ》に於《おい》て次第《しだい》に授記《じゅき》せらる。本国《ほんごく》に還《かえ》り到《いた》りて無量百千《むりょうひゃくせん》の陀羅尼門《だらにもん》を得《う》。是《こ》れを上品上生《じょうぼんじょうしょう》のものと名《な》づく』（数字は段を示す）

華合の障

善導さまは『**彼《か》の国《くに》に生《しょう》じ已《をは》りて**』の第十段の経文を解説されて「金《こん》（剛）台《だい》かしこ（浄土）に到《いた》りて、さらに華合《けごう》の障《さわり》なきことを明《あ》かす（七祖四七四頁）」と云われています。

華合の障りとは、浄土に到っても蓮華が開くのに時間がかかるのです。せっかく浄土に到っても、開花するまでには時間の経過が必要なのです。

しかし上・上だけはそれがないといわれているのです。「十一門」の第十門を見てください。上・中から下・下まで、みな開花するには時間がかかっています。ところが上・上だけは『**金剛台**』であって蕾《つぼ》んではいない、華開いた金剛台に乗って浄土に生れるのです。上・中以下は開花していない蕾の中に生れて、それが開くのに時間を必要とするのです。たとえば上・中は一夜を必要とする、下・下になると『**十二大劫《だいこう》を満《み》てて蓮華《れんげ》さまに開《ひら》く**（聖典一一六頁）』のですね。

金剛とはダイヤモンドの別名ですから、もともと堅固さを意味する言葉です。ですから『**金剛台**』とは、上・上の機類はその願生心の堅固であることの象徴でありましょう。

華合の障りについては、善導さまは「散善義（七祖四九四頁）」の中で、大経の第十八願文の『**唯除五逆《ゆいじょごぎゃく》・誹謗正法《ひほうしょうぼう》＝唯だ五逆と正法を誹謗するとを除く**』の問題を取りあげられています。いわゆる抑止門《おくしもん》ですね。この五逆罪と謗法罪《ほうぼうざい》は重罪であるから、衆生はこれを犯さないように抑《おさ》え止《とど》めるように説かれた法門です。善導さまは「この二業《ごう》その障《さわり》極重《ごくじゅう》なり。衆生《しゅじょう》もし造《つく》ればただちに阿鼻《あび》（地獄）に入《い》り、歴劫周慞《りゃくこうしゅうしょう》（幾劫にもわたって苦しみあわてること）して（そこを）出《い》づべきに由《よし》なし。ただ如来《にょらい》（は）それこの二つの過《とが》を造《つく》ることを恐《おそ》れて、方便《ほうべん》して止《とど》めて『往生《おうじょう》を得《え》ず』とのたまへり。またこれ摂《せっ》（取）せざるにはあらず（仝頁）」と説かれ、また「謗法《ほうぼう》と闡提《せんだい》と回心《えしん》してみな往《ゆ》く（七祖五一八頁・法事讃）」といわれています。

ただ、「もし造《つく》らば〜かしこ（浄土）に生《しょう》ずることを得《う》といへども、華合《はながつ》して多劫《たこう》を経《ふ》（七祖四九四頁）」といわれて三種類の障りを受けることを説かれています。

その三種とは、

(1)佛及び諸の聖聚を見ることを得ず。

(2)正法を聴聞することを得ず。

(3)ながい間、諸佛を供養することを得ず。

です。

ここで注目すべきは「謗法と闡提と回心して皆往《みなゆ》く」という文の意味です。謗法・闡提を否定して他のあるものとなって浄土に往生するというのではないのですね。「回心して」とは〝われは謗法・闡提なり〟という名告りが回心するということです。謗法・闡提の自覚が回心の内容なんです。謗法・闡提から脱却することが回心ではないのです。行者自身が謗法・闡提であることを覚醒するのが回心ということなのです。めざめですね。

次は第十一段ですが、上・上の行者が浄土に生れたのちの利益が説かれていま す。「十一門」の最後である第十一門には九品それぞれの利益のちがいが説かれているところですので参考にしてください。

上・上のものが得る功徳・利益は三つあるのです。疏文を経文と対比して読みましょう。

①項は阿弥陀佛のお姿が、まどかにそなわっているのを見、また同じく菩薩がたのお姿をつぶさに拝することができる。さらに、その聖聚がたの光明から生れた宝林が妙なるみ法を説きのべられるのを聞いて、たちどころに無生法忍を悟るのであります。

②項は行者は十方の世界に出かけていって諸佛がたに奉事し、成佛の証明を授与されるのです。『**須臾**《しゅゆ》**の頃**《あいだ》』といわれると、思いだしますのは『浄土論』における菩薩の功徳です。不動遍至・一念遍至・無余供養・遍至三宝の四種の功徳です。

③項は、わが極楽浄土に還ってきては百千無量の法門をいただくことができるという利益です。

『陀羅尼門《だらに》』はDHĀRAṆĪ（ドハラニイ）の音写で「総持」とか「呪」といわれます。呪なんていうと呪文が連想されてオドロオドロしたものと考えられますが、諸の道理を保持して失わないこと。諸行・諸法の上に価値や意味を見いだしていく心というか用《はたら》きを象徴しているのを陀羅尼。「門」は法門のこと。

上・上から上・中へ

さて上・上は、その修行といいますか、行業においても、その求道心の熾烈・熱心さにおいても『**精進勇猛**（註釈版一〇八頁）』といわれているように、九品の中でも求道において最も熱烈な機類でありますから、一番すぐれた人々であるように見えます。

しかしながら、それらの実践綱目への行為なり意欲なりが自力でなされるとするなら、その『**精進勇猛**』なることが、かえって逆に浄土への願生心を希薄なものにしてしまうのではないかと思われます。

その行業において熾烈であることが、行者自身の意識において、はたして佛陀釈尊の説かれる三心の真意にかなうものであるかと考えますれば、それは疑問であります。

はっきり申しますと『**至誠心**』をもって勤めよといわれる釈尊の真意は『**至誠心**』ではありえないというめざめを行者自身に領知せしむるためのものではなかったのではないか。

善導さまが、三心釈のはじめに『**至誠心**』を解釈されて「至とは真なり誠とは実なり」と字訓釈からはじめられたお心は『**至誠心**』が凡夫には発《おこ》しがたく成就しがたいものであることを知ってあったが故に『**至誠心**』とは阿弥陀佛の真実心のほかにないというところから、このような字訓釈をされたものであって、親鸞さまもまた善導さまの三心釈を伝承されたものであったにちがいないと思われます。

『**至誠心**』がこのようにして如来の真実心へと転釈されていくことによって、上・上から下・下に至るまでの九品を通じての行の徳というものは、すべて如来の『三**心**』に収斂《しゅうれん》されていく、収めとられていくわけです。

このように領解いたしますなら上・上から下・下への経過は、九種の機類（行者）があって、その優劣を説いたものであるというような図式で説かれたものではないと思います。

それは一人の行者が佛陀釈尊の教説を聞いて、素直に我れは「阿弥陀佛国《あみだぶっこく》に上品往生《じょうぼんおうじょう》せん（七祖六六九頁・「往生礼讃」）」と発願して実践していくという信心の歩みとしていただいていくことが大事だと思います。そしてこの一人の行者の歩みが、行者自身の自力修行の無効を次々に知らされることによって、その歩みはより熾烈となり、それは同時に行者自身の「いずれの行もおよびがたき身（聖典八三三頁・歎異抄）」であることが暴露されることとなり、下・下に至って、如来の真実心が明らかにされていくものとなるのです。

ここに上・上から上・中へと移っていく道理があるのです。

上品中生へ移ってまいりましょう。

上品中生

『上品中生《じょうぼんちゅうしょう》といふは（第一段）**必《かなら》ずしも方等経典《ほうどうきょうてん》を受持《じゅじ》し読誦《どくじゅ》せざれども、よく義趣《ぎしゅ》を解《さと》り・第一義《だいいちぎ》に於《おい》て心驚動《しんきょうどう》せず。因果《いんが》を深信《じんしん》し、大乗《だいじょう》を謗《そし》らず。此《こ》の功徳《くどく》を以《もっ》て回向《えこう》して極楽国《ごくらくこく》に生《しょう》ぜんと願求《がんぐ》す**（第二段）**』**

上品中生に入るのですが、この段階の人々は大乗経典を生活の基盤としたり黙読することはあっても、佛前に坐って声を出して読誦することまではしない人々です。だが自分自身にはその趣意をよく理解もし、奥ぶかい佛法の根本の道理を知って、それによって心が動乱してしまうようなことはなく、因果の道理を深信して大乗の教法を誹謗することなく、その大乗の功徳を回向して往生浄土を願う人々です。

『**必《かなら》ずしも方等《ほうどう》経典《きょうてん》を受持《じゅじ》し読誦《どくじゅ》せざれども**』とは、大乗経典を読みとおすだけでも容易なことではないし、まして経典は黙読して知解するものではなくて、声を出して自らの耳に聞くもの、声をだして耳で読むものです。それを読誦というのです。

上・上には『**大乗《だいじょう》方等《ほうどう》経典《きょうてん》を読誦《どくじゅ》す**』とありましたが、ここでは『**必《かなら》ずしも方等経典を受持し読誦せざれども**』とあります。たとえば浄土三部経をどれでもいいから読んでみればすぐわかりますように、原則として四文字にまとめられています。これは読誦できるように、三蔵法師たちがはじめから翻訳された証拠です。ちゃんと韻《いん》を含んで訳されたものでしょ。

もはや十年前、この群萌学舎でこの観経を学びはじめました第一回めに「身」ということを図解しながら講じたことがありました。佛法は心というより身にいただくものです。「物を受くるに心をもってし、(佛)法を受くるに身をもってせよ(金子大栄師)」であります。

親鸞さまも仮名聖教や和讃の中で「身」ということばがよく使われていますし、蓮如さまもその手紙(ご文章という)八十通のなかで百回ほど「身」がでてきます。そういえば昔、自分のことを「身ども」といい、相手のことを「おん身」と武士たちは云っていました。

最近、本屋でおもしろい本を買いました。『声に出して読みたい日本語―斉藤孝―草思社』で、よく売れているようです。この本の終りに著者は次のようにいっています。「いま暗誦《あんしょう》文化は絶滅の危機に瀕している。かつては暗誦文化は隆盛を誇っていた。つい数十年前まででも暗誦している自分の好きな漢詩を大きな声で朗読したり、芝居の名ゼリフをふだんの生活の中で口にしたりということは、とりたてて珍らしいことではなかった」と。ところが最近、大学生たちに暗誦できる詩や文を持っているかと聞いたら5％以下の結果がでたといっています。この本は、どこから読みはじめてもよい、大体2ページで詩文などとその解説文があるのですが、その解説が興味ぶかい。著者・斉藤孝はこの本のねらいが暗誦・朗読・口承《こうしょう》の文化の復活にあるのだが、もうひとつその「大元には身体文化のルネッサンスという展望がある」といっています。

私事になるのですが、福岡県で大谷派の寺といえば旧有馬藩・筑後地方に集中していて、私はその寺の中の一寺の三男に生れました。肺結核で病気がちだった父は、早く子供を得度させたかったのでしょう。小学校二年の夏休み中、長男と私は板ばりの廊下に正坐させられて正信偈（親鸞作・百二十句六十行）と阿弥陀経を暗誦させられました。十一月、京都に行けることだけが楽しみで足の痛さを我慢したものです。両親と兄弟の四人は一週間の京都旅行のため関門海峡を船で渡りました。関門トンネルができたのは、まだ五・六年先きのことです。

東本願寺前の旅館を足場に京都・奈良の寺々に詣うでましたが、寺ばかりで飽きてしまい、開店したばかりの丸物デパートには遂に行けずじまいでした。今は近鉄百貨店でしょうか。

得度の前の晩、頭を剃りました。私が泣いたので床屋の親父さんが焼芋でだまして剃りあげてしまいました。その夜おそく父は宿の二階で喀血、あわただしい人の出入りに兄弟二人は部屋のすみで息をのんでいました。

帰るとすぐ寺の報恩講でした。兄弟二人は新調のころもを着て導師をつとめる父の両脇に坐りました。父の正信偈の絶唱は二人の得度をすました喜びにあふれたためだったと思います。そして、その夜父はそのまま死の床についてあくる年の七月、三十八歳で父は逝ったのです。日本と中国の全面戦争が始まった月でした。のこされたのは三十四歳の母と兄弟姉妹十人でした。

もはや六十数年前の正信偈と阿弥陀経の読誦もちろんその意味はわかるはずもありませんでした。しかし「幼い頃に意味のわからない文章を覚えさせるのは拷問《ごうもん》ともいえる強制だという考え方がある。私はこうした考えに与《くみ》しない。できるだけ早い時期に最高級のものに出会う必要があるとむしろ考えるものだ。よしんばそのときに魅力を感じなかったとしても、後年それを覚えたことに感謝する時が来る（仝上）」と斉藤さんは云っています。

阿弥陀経に『**浄土《じょうど》には地獄《じごく》・餓鬼《がき》・畜生《ちくしょう》の名《な》なし。いかにいわんや実《じつ》（体）あらんや**（聖典一二三頁・意）』という経言があります。常識からいえば実体があって名が付けられたと考えるのが普通です。この経言は逆です。名前すらないのだから実体があるはずがないと。聖書にも「はじめに言葉あり（ヨハネ）」とあります。こんなことに気づいたのも暗誦文化のおかげです。言葉の不思議、暗誦は次々と湧きでる問の泉です。

『第一義に於て心驚動せず』

話がそれましたので経文にもどります。

『**必**《かなら》**ずしも方等経典**《ほうどうきょうてん》**（大乗経典のこと）を受持**《じゅじ》**し読誦**《どくじゅ》』することはないのだけれども、しかしながら大乗佛教が云わんとする道理はよく領解することができて、『**第一義**』といわれる真如法性（普遍的真理＝諸行無常・諸法無我・涅槃寂静）にも『**心、驚動**』することなく、あらゆる存在を存在たらしめている縁起の法を深信し、大乗佛教を誹謗しない、この功徳をもって回向して浄土に往生せんと願う人々を上品中生の機類というのでした。

『因果を深信す』

ところで『深信因果《しんじんいんが》』ですが、ふつう『**深く因果を信ず**』と読んでいるようです。

しかし、私は『**因果を深信す**』と読みたいと思っています。

これは、次の上・下での実践綱目である『**亦信因果《やくしんいんが》＝亦《また》因果を信じ**（聖典一一〇頁）』という経言と比較して、この両者のちがいを確認したいからです。『**因果を深信する**』ことと、『**また因果を信ずる**』こととのちがいです。『**深**』に力点を置きたいのです。

だから『**深**』を『**深く**』と単なる形容句として読んでしまうことに抵抗があるのです。形容句として読むと『**深**』の一文字が軽くなってしまって『**因果を信ずる**』のに比較していくらか『**深く因果を信ずる**』のだと領解してしまうのではないか。

ここは『**深信**』と読んで、単なる『**信**』とのちがいを明らかにして読みたいと思うのです。

何の本でしたか忘れてしまったのですが、昔ニューヨークで禅仏教の講演会があったとき、その講題が「絶対死なない法」というのだったそうです。たくさんの人が集ったそうです。演壇に立った禅僧が開口一番「それは生れないことだ」と云ったそうです。嘘みたいな話ですが、案外みんな納得して帰ったのではないか、それはそのとおりと頷ずかざるを得ないことですからね。

世間で因果を信ずるといいますけれども、実際は因果に暗いということではないか。

病気で死ぬといい、事故で死ぬといいますが、死なない場合だってあるわけです。病気や事故が因で、死が果だというけれど、そうではないでしょ。生れたということが因、病気や事故は縁です。そして果が死ですが、生と死には定まった因果がある、そして生の中に死という果が始まっているのです。生と死は因果ですが、因果同時という意味もある、これはもはや宝樹観あたりで学んだことですね。ですから生と死の定まった因果をたずねてゆけば、生死一如であるこの身があるということのほかにないわけです。

そして、その身は色（身体）・受（感受）・想（表象）・行（意志）・識（心）の五蘊《ごうん》といわれる五つの要素が、縁起して仮《かり》に和合して存在しているのであって、縁が尽きれば空（くう）なのです。ですから空とは固定的実体というものはないことを、縁起の関係の側面からとらえたもので、存在はすべて因縁によって生じ滅するものであることを縁起という言葉であらわしているのです。

その意味で因果も空なのです。『因果を深信する』とは、そういうことでしょう。それが佛教の三法印である諸行無常・諸法無我・涅槃寂静です。この三法印を貫ぬく真如法性を「空」というのでしょう。

この上・中の経文の中で、『第一義諦』という経言が、あとでも出てきますので、そこで学びたいと思います。つまり仏教でいわれる三法印から浄土門仏教がでてくる由縁を学ぶことになります。

生《うま》れ生《い》きてきた不調法

昔といっても、そう遠い話ではないのですが、最近まで浄土真宗の門徒が多い豊前あたり、福岡県の北東部にあたる地方では、挨拶の言葉に「生れてきた不調法がありますけえなあ」というのがありました。もはや死語になりつつあるようですが、いい言葉だと思います。

この世は障害だらけといって過言ではありません。あっちにつまずき、こっちに引っかかる。われらの祖先や先輩たちは、これらの障害を「生れてきた不調法」といい、また「生《い》きてきた不調法」と乗りこえてきたのです。諦《あきら》めてきたのでしょう。

障害に突きあたれば、苦しい・悲しい・腹だたしいし、その最たるものが死です。老病死のなかの死です。壊苦《えく》（不安）であり、行苦《ぎょうく》（死）です。だが死ぬのは死ぬべき因がある。生れたら必ず死ぬ、いや生きつつあることが死につつあることである。生ずれば滅すと諦めるというのが佛法が教える諸行無常でありますし、諸法無我という「我」として執着すべき存在など一切無いというのです。諸法は一切無我である、存在は一切縁起であり、仮に和合した法が滅すれば空でありま す。ですから癌で死んだ、事故で死んだというのは迷いです。生れたから死ぬのです。

ところが先達の同行たちは「生れてきた不調法がありますけえ」と云われてきたといいますけれど、そこには「この世に生れてきたおかげでなあ」という含意がある言葉であるのを見のがしてはならないと思うのです。きっと、その表情にはほのぼのとした雰囲気があって挨拶されていたのだと思います。

佛陀釈尊以来、伝統されてきた「涅槃寂静（涅槃寂滅）」の法は、七高僧から親鸞さまのご出世によって「往生極楽の道（聖典八三二頁・歎異抄）」へと転ぜられて、われら凡夫にも涅槃寂静の世界をたまわる伝統が生れ、今日に至っています。

それは単に意気消沈した暗い表情ではなく真にいのちの共生を見いだすことができた貌《かんばせ》であるにちがいありません。先達の同行がたは「浄土もらって娑婆を生きる」という言葉を残してくださいました。ある意味では、その浄土というのは「連帯するいのちの世界」と云いかえることができる、そのような世界を浄土、いのちの本籍ですね。いのちの本籍をもらって、差別動乱の現住所を生きるのです。一切皆苦の現住所におのれの生涯を尽していく、それを「往生極楽の道」と親鸞さまは教えてくださったといただきます。

念佛者は無碍の一道

この道理に領ずければ、もろもろのこの世の障碍も障碍に終らなくなるといわれます。「念佛者は無碍の一道なり（聖典八三六頁・歎異抄）」といわれます。もちろん障碍による悲しみ・悩みがありながら、障碍が何を意味しているものかを受けとって、おのれの人生のこよなき糧《かて》として生きていける明るさというか、生きていく力をいただいてきたのが「生れてきた不調法」であり「生れてきたおかげ」だったと思うのです。

ながいあいだ、この歎異抄の「念佛者」の「者」が邪魔で「念佛は」と読んで納得してきました。野間宏氏も、その著『歎異抄』の中で「この『は』は『者』のルビとしてあったものが助詞の位置におさまってしまったもの。者を『は』と読む例は古典にときどき見受けられる（全書八〇頁）」と解説されて「念佛というのは何ものにもさまたげることのできない道である」と意訳して「念佛は」と読んでおられます。

このように読めば荷も軽くなるのですが、「念佛者」といえば、いささか念佛に親しんできた自負もあって「念佛者は」と読むこと

にためらいがあったわけです。

このごろ思うのですが「念佛者は無碍の一道なり」というのは、碍（さわり）が無いということではない、さわりだらけだというのが念佛者にかぎらす、娑婆だと思うのです。だから念佛者はさわりをさわりだけに終らせないという意味で「無碍の一道」といわれたのだと思うのです。

『広辞苑』によりますと、義太夫浄瑠璃《ぎだいふじょうるり》用語で、義太夫節以外の節《ふし》を義太夫節に取り入れた箇所を「さわり」という。他の節にさわっている意味で佐和利《さわり》と。それから転じて曲の中でも最も聞きどころ聞かせどころとされているところ。「くどき」の部分をいう、とあります。また、三味線の上駒から一の糸をはずして直接、棹《さお》に接触させるなど、複雑な音をさせる装置、またはそれによって発する音を「さわり」という、とあります。

また『広辞林』によりますと、浄瑠璃にて他流の節まわしを挿《はさ》み し部分。義太夫節といえば述懐の場合などにおける情緒連綿たる口説《くど》きのごときこれなり、とありました。

そういえば、芝居や浪曲などで「そのさわりのところだけでもやってみてよ」とか「そこがさわりのところだ、もっと感情こめて」とか、ふだんでも会話のなかでいう言葉ですね。

お寺にも沙羅（さはり）という打楽器があります。型はふつうの佛壇の付属品のキンとおなじですが、ふちの直径は三十センチほどのものです。音がちがいます。キンのように澄んだ音ではなくて独得な音をだすのです。たとえばヴァイオリンと琵琶の音のちがいのようなもので、ジャーンという濁った割れ鐘のような音です。

東洋の楽器には音を出すところにわざと音が出ないような装置がしてあって、それをさわりというんだそうですね。武満徹という方が、そのようなことを云ってあったと友人が話してくれました。まったく独断ですが、西洋につたわる楽器の音を、おおむね澄みきった音というなら、東洋の楽器の音は幽幻とか混沌（カオス）といったらいい音であって、清澄な音にさわりを入れることで、あえて音をさえぎらせて、あのような音色になるのでしょう。

そんなことから、世間でもピンチがチャンスというのでしょう。ピンチはピンチながらピンチがバネとなってチャンスをまねく。さわりが新たに念佛に出会うチャンスとなる。如来の慈悲が身にしみる機縁となる。さわりが信心の歩みを深めるチャンスとして蘇みがえる、その意味で「無碍の一道」ということができると思うのです。

『信因果』というのは、もともと教義としては小乗なのでしょうね。自業自得ともいわれます。大乗はこのような単純な因果律を破ってきたのです。だから上・中では**『深信因果』**といわれます。さらに経文は**『大乗《だいじょう》を謗《そし》らず』**と続くのです。これは小乗的に因果を信ずることは大乗を批判することを慮《おもんばか》っての経言なのでしょう。この経言は上・下にも出てくることです。ちょっと休みましょう。

第四講

『此《こ》の行《ぎょう》を行《ぎょう》ずる者《もの》、①命終《いのちおわ》らんとする時《とき》、②阿弥陀佛《あみだぶつ》は、観世音《かんぜおん》・大勢《たいせい》至《し》・無量《むりょう》の大衆《だいしゅ》とともに眷属《けんぞく》に囲繞《いにょう》せられて、③紫金台《しこんだい》を持《も》たしめて、行者《ぎょうじゃ》の前《まえ》に至《いた》りたまひ、④讃《ほ》めて言《のたま》はく、〈法子《ほうし》、汝大乗《なんじだいじょう》を行《ぎょう》じ第一義《だいいちぎ》を解《さと》る。⑤是《こ》の故《ゆゑ》に、我《わ》れ今来《いまきた》りて汝《なんぢ》を迎接《こうしょう》す〉と。（第三段）

①千《せん》の化佛《けぶつ》とともに一時《いちじ》に手《て》を授《さず》けたまふ。②行者自《ぎょうじゃみづか》ら見《み》れば紫金台《しこんだい》に坐《ざ》せり。③合掌叉手《がっしょうしゃしゅ》して諸佛《しょぶつ》を讃嘆《さんだん》したてまつる。④一念《いちねん》の頃《あひだ》の如《ごと》くに、即《すなは》ち⑤彼《か》の国《くに》の七宝《しっぽう》の池《いけ》の中《なか》に生《しょう》ず。（第四段）

此《こ》の紫金台《しこんだい》は大宝華《だいほうけ》の如《ごと》し。宿《しゅく》を経《へ》て則《すなは》ち開《ひら》く。行者《ぎょうじゃ》の身《み》は紫磨金色《しまこんじき》になれり。足《あし》の下《した》にまた七宝《しっぽう》の蓮華《れんげ》あり（第五段）』

『紫金台』

『此《こ》の行』とは、上・中の第二段の経文をさすわけです。親鸞さまが申されるように、「顕の義によれば（聖典三八三頁）」、定散二善は第十九願である修諸功徳《しゅしょくどく》の願によって佛陀釈尊が説かれた行を意味するものです。

『命終らんとする時』とは、上・上の**『即ち往生を得**（聖典一〇八頁第八行）**』**と対比される経言で、大事なところです。上・上の**『即得往生《そくとくおうじょう》』**は大無量寿経の**『彼の国に生れんと願ずれば即ち往生を得**（聖典四一頁）**』**の意味、つまり現生において往生のスタートに立つという意味につながるもの、言いかえますなら少くとも現生正定聚に跨《また》がる意味を持つものと思います（跨節の義）。まあ、そこまで言い切りますと異論もあることでしょうから、今はその点は論ぜず、ここの**『命終らんとする時』**と、上・上の**『即ち往生を得』**は互に照応しあうものだと申しておきます。

経文にかえりますが、この上・中の機類は上・上のように**『大乗の方等経典を読誦す**（聖典一〇八頁）**』**るまでには必ずしも至らないとしても、その説かれている意義、つまり**『義趣《ぎしゅ》を解《さと》る』**のです。そのために**『阿弥陀佛は、観世音・大勢至』**

さらには『**無量の大衆眷属**』がたにとりかこまれて『**紫金台《しこんだい》を持《も》ち**』上・中の行者の前に来てくださり、行者を讃めたたえて、『**法子《ほうし》よ**』と呼びかけられるのです。『**法子《ほうし》**』とは佛力によって生れた者ですから、いわゆる佛弟子です。法の子です。

「法子よ、あなたは大乗の教えを実践し、その意趣を領解したのである。それで、我れは来てあなたを迎えるのだ」と。

『**紫金台**』は上・上の『**金剛台《こんごうだい》**』と対比される台《うてな》です。前々回の学習会で観音・勢至の二菩薩観を学びましたとき、その身体は『**紫金色《しこんじき》**』だが、そのお顔は『**閻《えん》浮檀金色《ぶだんこんじき》**』であると学びました。『**紫金**』とは、この上・中の第五段にも出てきますが『**紫磨金《しまこん》**』ともいわれるように、磨けば『**閻浮檀金《えんぶだんこん》**』になる金のことです。二菩薩の『**身は紫金色なり**（聖典一〇三頁）』ということが、『**佛の身は～閻浮檀金**（聖典一〇一頁）』にくらべて、まだ佛に成るべく修行中の菩薩であることを現わしているけれども、二菩薩のお面《かほ》は『**閻浮檀金色**（聖典一〇三頁）』であることが、あえて菩薩の地位に身を落した還相の菩薩であることをあらわしていたわけです。

ここも、そのような意味で上・上の『**金剛台**』と上・中の『**紫金台**』を対比させることで上・上と上・中の不同（ちがい）を知ることができると思います。

『**此《こ》の紫金台《しこんだい》は大宝華《だいほうけ》の如《ごと》し。宿《しゅく》を経《へ》て則《すなは》ち開《ひら》く**』とありますように、この『**紫金台**』は『**大宝華**』なんですね。大いなる宝でできている蓮の華の台《うてな》なのですから、行者はその華の蕾《つぼみ》の中に包まれたまま『**合掌叉手《がっしょうしゃしゅ》して諸佛《しょぶつ》を讃嘆《さんだん》したてまつる。一念《いちねん》の頃《あいだ》の如《ごと》くに、即《すなは》ち彼《か》の国《くに》の七宝《しっぽう》の池《いけ》の中《なか》に生**』れるわけです。浄土に生れることはできたけれども、蕾の中です。それを疑城胎宮とか辺地懈慢界への往生といって報土往生とはいわないのですね。勢至観では『**胞胎《ほうたい》**』と申されていました。

その蕾が開くには『**宿を経**』なければならない、一晩の時が必要なのです。だから、ここでは『**宿を経て則ち開く**』と『**則**』の文字が使ってあります。その前の第四段では『**一念の頃《あいだ》の如くに即ち**』でした。『**即**』は時を移さず即時の「すなわち」ですが、『**則**』の「すなわち」は時の経過があって「すなわち」です。「乃ち」

も同じく時間を置いての「すなわち」です。聖典一三二頁の「しかればすなわち」は「然れば則ち」ですし、同頁の「これすなわち」は「斯れ乃ち」です。これは『教行信証』の序文（総序）の大事なところですから、聖典を改訂されるときは「すなわち」は漢字にしてほしいですね。

華が最初から開いているのは、九品の中では上・上の『**金剛台**』だけです。だから『**弾指《だんし》の頃《あひだ》の如《ごと》くに彼《か》の国《くに》に往生《おうじょう》す**』なのです。『**弾指の頃**』とは『**即**』の象徴的表現です。「十一門」のなかの第十門「開華の遅疾」を参照してください。

次に『**行者《ぎょうじゃ》の身《み》は紫磨金色《しまこんじき》に作《な》れり、足《あし》の下《した》にまた七宝《しっぽう》の蓮華《れんげ》あり**』です。観音・勢至の二菩薩が同じように紫磨金色であったことを憶いだしてください。行者は菩薩として誕生したのです。

上・中の『**紫金台**』も上・上の『**金剛台**』も、ともに阿弥陀佛・二菩薩・聖聚がたによって行者の前まで捧げもって来てくださった座であります。ともに『**行者みずから見れば**（**上・中**）』であり『**みずからその身を見れば**（**上・上**）』であって、上・中は『**紫金台に坐せり**』であり、上・上は『**金剛台に乗ぜり**』なのです。見たら、坐っていたのであり乗っていたのです。いままで対象としてあったものが、金剛台や紫金台に行者自身が乗っていることにめざめたのです。観て乗ったのではない、乗っているのが見えたのです。

まさに、「彼の阿弥陀佛の、四十八願は衆生を摂受《しょうじゅ》したまふこと、疑なく慮《おもんばかり》なく乗彼願力、さだめて往生を得と深信す（七祖・四五七頁・法の深信）」るのです。こう読みたいですね、私は。

次へ進みましょう。第六段になります。

『①**佛《ぶつ》及《およ》び菩薩《ぼさつ》、倶時《くじ》に光明《こうみょう》を放《はな》ちて行者《ぎょうじゃ》の身《み》を照《て》らしたまふに、**

②**目《め》即《すなは》ち開《ひら》けて明《あ》きらかなり。**

③前《さき》の宿習《しゅくじゅう》に因《よ》りて、普《あまね》く〔浄土の〕衆《もろもろ》の声《こえ》を聞《き》くに、純《もっぱ》ら甚深《じんじん》の第一義諦《だいいちぎたい》を説《と》く。
④即《すなは》ち金台《こんだい》より下《お》りて、佛《ぶつ》を礼《らい》し合掌《がっしょう》し世尊《せそん》を讃嘆《さんだん》したてまつる。
⑤七日《しちにち》を経《へ》て、時《とき》に応《おう》じて即《すなは》ち阿耨多羅三藐三菩提《あのくたらさんみゃくさんぼだい》に於《おい》て不退転《ふたいてん》を得《う》』

開華後の利益

この第六段を善導さまは「十一門」の中の華が開いた後の利益が説かれたところであると云ってあります。第十一門にあたるところです。

阿弥陀佛と菩薩がたが倶時（同時）に光明を放って行者を照らすと。そうしますと行者の心眼が開けて明らかになってくるのです。何が明らかになってくるかといえば、上・中の者が行為してきた身・口・意の行業ですね。それは『**必《かなら》ずしも方等経典《ほうどうきょうてん》を受持《じゅじ》し読誦《どくじゅ》せざれども、よく義趣《ぎしゅ》を解《さと》り、第一義《だいいちぎ》に於《おい》て心驚動《しんきょうどう》**

せず、因果《いんが》を深信《しんじん》し、大乗《だいじょう》を謗《そし》らず（聖典一〇九頁）』という上・中の機類が行じてきた『宿習《しゅくじゅう》』です。この行業が因となって、ひろく阿弥陀佛や菩薩がたが説かれる声が、もっぱら甚深の第一義諦を説いておられるのだということが行者に明らかになってきたと。

ここは、ちょっと領解しにくい表現がなされているのですが、阿弥陀如来や菩薩がたが同時に光でもって行者（上・中の機類）の身を照らされたのですね。その光の功徳によって行者の心眼がパッと即時に開けた、「あゝ、そうだったのか」と。問題は、どのように開けたのかですよ。前《さき》の宿習に因って、佛・菩薩たちが同時に放つ光明が純ら甚深の第一義諦を説いておられるといわれるのですが、その第一義諦が今ひとつ明らかでないのですね。午前中の学びの中でも第一義とは真如法性であるとか、三法印とか「縁起の法」とか「空」とか申してきたのですが、ここでは第一義諦と「諦」の文字が加わっているのです。

『第一義諦』

そもそも『第一義諦』とは何かということです。

「第一義諦《だいいちぎたい》とは阿弥陀佛《あみだぶつ》の因縁法《いんねんほう》なり。この諦《たい》はこれ境《きょう》の義《ぎ》なり（七祖一二三頁・浄土論註下）」と。これは天親（世親）さまの『浄土論』を註釈された曇鸞さまの『浄土論註』の中「観察体相章《かんざつたいそうしょう》（観察の対象となる浄土・仏・菩薩の荘厳のすがたを説きあかした一章）」にでてきます文言です。

つまり第一義とは阿弥陀佛の願と行の因縁によって真如法性に適《かな》って成就された法（さとり）であり、諦というのは境界。対境です。智慧によって観知される対象です。これは従来、佛法でいわれる真如法性にかなって、浄土門仏教では阿弥陀佛の願（因）と行（縁）の成就した法として説かれ、その法から諦（境）としての浄土・佛・菩薩の三種の荘厳が生起するのです。『**これもと法蔵比丘《ほうぞうびく》の願《がん》**

力《りき》の所成《しょじょう》なり（聖典九九頁）』といわれる所以です。

三種の荘厳は、ご存知のように天親さまによって三厳二十九種の浄土として展開されたのでしたが、この浄土が真如法性にかなった法であることを証すために「略して一法句《いっぽっく》に入ることを説く（七祖三八・一三九頁）」といわれています。一法句とは真如法性のことであります。略すれば一法句、広の義では三厳二十九種（浄土荘厳十七句、佛荘厳八句、菩薩荘厳四句）です。しかして広と略は相入する関係にあるのです。真如法性（一法句）の略から浄土荘厳の広が生起し、浄土荘厳の広によって一法句（真如法性）の徳をあらわすのです。そして広・略が互いに相入するありさまを広略相入というのです。真理と方便といってもいいですね。

余談になりますが、この広と略は互に相入して、諸佛・菩薩の二種の法身説がでてきます。「一には法性法身《ほっしょうほっしん》、二には方便法身《ほうべんほっしん》なり（七祖一三九頁）」です。「法性法身によりて方便法身を生ず。方便法身によりて法性法身を出《いだ》す。この二つの法身は異にして分《わか》つべからず。一にして同《どう》ずべからず。この故に広略相入《こうりゃくそうにゅう》して、統《す》ぶるに法の名をもってす」と。

経文にもどります。行者は金台から降りて佛を礼拝し合掌し第一義諦を説かれる教えを讃めたたえると『**七日を経《へ》て、時《とき》に応《おう》じて即《すなは》ち**』ですから、まさにその時、時を移さず『**阿耨多羅三藐三菩提《あのくたらさんみゃくさんぼだい》（正定聚のさとり）を得《え》て不退転《ふたいてん》の利益《りやく》を得《う》る**』のです。

もう、このあたりの経文になりますと、もちろん『**命終らんとする時**』から後のことですから、大経の第十一願成就文の（正定聚に住す）や第十八願成就の文（即ち往生を得て、不退転に住する）とはちがうのですが、こういった観経の経文からも、親鸞さまが現生において正定聚に住し、不退転に住する身となると領解されてくる伏線があるのでしょう。

上・中では『**第一義に於て心《しん》、驚動《きょうどう》せず**』といわれ『**大乗を行じて第一義を解《さと》る**』といわれ、また『**阿耨多羅三藐三菩提《あのくたらさんみゃくさんぼだい》において不退転を得《う》**』といわれても、顕の義においてはこの世のことではないのが上・中の機類でありますから、行じた功徳を阿弥陀佛に回向して、来世において『**不退転を得**』ることを期するのであります。

次の経文に移ります。第七・第八段です。

（七）『**①時《とき》に応《おう》じて即《すなは》ち能《よ》く飛《ひ》行《ぎょう》して、②偏《あまね》く十方《じっぽう》に至《いた》り諸佛《しょぶつ》に歴事《りゃくじ》す。③諸佛《しょぶつ》の所《みもと》にして諸《もろもろ》の三昧《さんまい》を修《しゅ》す。④一小劫《いっしょうこう》を経《へ》て無生忍《むしょうにん》を得《え》、⑤現前《げんぜん》に授《じゅ》記《き》せらる**（第七段）。

（八）**これを上品中生《じょうぼんちゅうしょう》の者《もの》と名《な》づく**（第八段）。』

『**飛行《ひぎょう》**』

『**時に応じて**』。ここでまた『**応時**』という経文がでてきました。前の経文はすぐ前の第六段の終りのほうでしたね。第三項です。

佛等は**『甚深《じんじん》の第一義諦《だいいちぎたい》を説《と》く。即ち…』**ですから時を経ずにすぐ**『金台《こんだい》より下《お》りて、佛《ぶつ》を礼《らい》し合掌《がっしょう》して世尊《せそん》を讃嘆《さんだん》し』**とあって**『七日を経て』**とありますが、善導さまの解説によりますと、この**『七日』**はこの世での七日のことであって浄土の七日を云ったのではない、この世の七日は浄土では「一念須臾《いちねんしゅゆ》のあひだなり、知《し》るべし（七祖四七七頁）」と念を押してありますから「アッという間」なのです。「アッという間に」**『時に応じて即ち、阿耨多羅三藐三菩提に於て不退転を得』**です。そして第七段ですがまた**『時に応じて即ち能く飛行《ひぎょう》して遍《あまね》く十方《じっぽう》に至《いた》りて…』**となるわけですから、第六段における出来事と第七段の**『遍く十方に至りて』**までは瞬時の出来事なのです。

『時』の問題は佛教においては重要な文言です。今は触れませんが観経だけでも六十回ほど出てきます。序分で二十回、正宗分で三十数回、得益分以下で五回ほど、思えば興味ある研究課題ではないですか。

『飛行《ひぎょう》』については六つの神通力の第五に神足通（四十八願の第九願）があり

ますし、浄土の菩薩の徳をあらわすものとしては『浄土論（天親）』『浄土論註（曇鸞）』には「菩薩《ぼさつ》の荘厳功徳成就《しょうごんくどくじょうじゅ》（七祖三七～三八頁）」が四種にわたって説かれています。これは、もはや度々申してまいりました。この四種の功徳は阿弥陀佛の不虚作住持功徳の成就を体として、その利他のはたらきを四種の菩薩のはたらきとして述べられたものですが、この第七段の経文にも援用できるものと考えられます。

第一は不動遍至《ふどうへんし》の功徳です。身、動揺せずして十方に遍《あまね》く至るはたらきです。第二は一念遍至《ねんへんし》の功徳です。第一を空間的遍至というなら、第二は時間的遍至の功徳です。何処でも何時でも菩薩の功徳は遍く至るのです。これが『**飛行《ひぎょう》して偏《あまね》く十方《じっぽう》に至《いた》る**』という経文の意でありましょう。

次に『**諸佛に歴事し**』という経文を菩薩四種の功徳成就に概当いたしますれば、第三の無余供養のはたらきにあたると考えられます。偈文では「天《てん》の楽《がく》と華《け》と衣《え》と妙香等《みょうこうとう》を雨《あめふ》らして供養《くよう》し、諸佛《しょぶつ》の功徳《くどく》を讃《さん》ずるに、分別《ふんべつ》の心《しん》あることとなし（七祖三二頁)」であります。

次に『**諸佛の所に於て諸の三昧を修す**』は、いささか強引ですが、菩薩四種の功徳成就の第四の遍示《へんし》三宝《さんぽう》のはたらきにあたると思います。偈文は「何《なん》らの世界《せかい》なりとも、佛法功徳《ぶっぽうくどく》の宝《ほう》なからんには、我《わ》れ願《ねが》はくはみな往生《おうじょう》して佛法《ぶっぽう》を示《しめ》すこと佛《ぶつ》の如《ごと》くせん(七祖三二頁)」であります。

第六段の終りのほうで『**阿耨多羅三藐三菩提に於て不退転を得て**』から第七段の『**時《とき》に応《おう》じて即《すなは》ち能《よ》く飛行《ひぎょう》して、遍《あまね》く十方《じっぽう》に至《いた》**』るまでは瞬時の出来事でしたが『**諸佛《しょぶつ》に歴事《りゃくじ》す。諸佛《しょぶつ》の所《みもと》にして諸《もろもろ》の三昧《さんまい》を修《しゅ》す**』る時間は『**一小《いちしょう》劫《こう》を經《へ》て無生忍《むしょうにん》を得《え》**』たわけです。

『**劫《こう》**』はカルパー(KALPĀ)。ご存知のようにきわめて長い時間の単位です。小劫ですから劫を小さく区分した一つを『**小劫**』というのでしょうが、区分したといっても長い時間でありましょう。『**無生忍**』といっても、もはや『**不退転を得**』たあとの無生忍ですから高度の、すくなくとも八地以上の無生忍であります。その無生忍を諸佛がたの『**現前《げんぜん》に授記《じゅき》せらる**』と経文は申されているのです。上・中の行者が成佛することの証明を諸佛がたから授与されたというのでしょう。そして『**これを上品中生《じょうぼんちゅうしょう》の者《もの》と名《な》づく**』で上・中を終っているのです。

『無生法忍』

もはや華座観で学びましたように、韋提希が無生法忍を得ましたのは『**ときに韋提希《いだいけ》、無量寿佛《むりょうじゅぶつ》を見《み》たてまつりをはりて**（聖典九八頁）』のところだと善導さまは申されています。「いますなはち正《まさ》しく弥陀《みだ》を見たてまつりて、更《さら》にますます心開《しんひら》けて（無生法）忍《にん》を悟《さと》る（七祖四二五頁）」と。

しかし、彼女が得た無生法忍は「十信《しん》の中《なか》の忍《にん》にして、解行以上《げぎょういじょう》の忍《にん》にはあらず（七祖三九〇頁）」と申されていましたね。解行以上というのは、十信・十住・十行・十回向・十地の五十位と等覚・妙覚の合せて五十二の菩薩の階位のうち、十住以上の高位の菩薩が得る無生法忍です。だから「十信の中の無生法忍」とは凡夫が佛法を信じたという段階のところで云われるものであり、菩薩とは申せ初段階の位をいうものです。

これらのことは、もはや学んだところですので復習の意味で申しているのですが、善導さまはこのように菩薩の階位を論ずることにあまり意味を認めてはいらっしゃらなかったようです。机上の空論とまでは申しませんが。

善導さまは、行者が佛法をいただいたとき、行者の上にどんなことが起るのか、そこに無生法忍の意味を探《さぐ》られたのです。善導さまは、それを「定善示観縁」の『**彼《か》の国土《こくど》の極妙《ごくみょう》の楽事《らくじ》を見《み》て、心歓喜《しんかんぎ》するが故《ゆゑ》に**（聖典九二～九三頁）』のところに見出されたのでした。善導さまは、これを解説されて「これ阿弥陀佛国《あみだぶつこく》の清《しょう》浄《じょう》の光明《こうみょう》、たちまち眼前《げんぜん》に現《げん》ず。なんぞ踊躍《ゆやく》に勝《た》へん。この喜《き》によるが故《ゆゑ》にすなはち無生《むしょう》の忍《にん》を得《う》ることを明《あ》かす（七祖三九〇頁）」といわれています。経文にも『**心《しん》、歓喜《かんぎ》するが故《ゆゑ》に、時《とき》に応《おう》じてすなはち無生法忍《むしょうぼうにん》を得《え》ん**（聖典九二頁）』と、わざわざ説かれているのでしたね。

このようにいいますと、凡夫の韋提希が得た無生法忍は価値の低いもののように考えられますが、無生法忍といわれる法そのものに価値の高低はないのではないか、その法を受ける側に差別があるのでしょ。

歎異抄の後序の信心一異の相論がよい例だと思います。師・法然さまの信心も弟子・親鸞さまの信心も同じだといわれています。往生の信心においては「まったく異なることなし、ただひとつなり（聖典八五一頁）」ですね。

ここの場合の経文では、第六段では『**不退転を得**』といわれながら、第七段では、さらに『**一小劫を経て無生忍を得**』るといわれているため無生法忍を得たことが重複しているように考えられます。だから善導さまはこれを解説されて「④延時《えんじ》の得忍《とくにん》を明《あ》かす（七祖四七八頁）」と簡単にのべられているだけです。善導さまは、菩薩の階位にあまり意味をみておられなかったから、このような解説ですまされたのでありましょう。「延時」とは、時間を延ばすということですので、具体的には**『一小劫を経』**てということです。

このあと、**『命欲終時』**または**『臨終終時』**という経言が、上・中を含めて下・下まで、ずっと出てきます。このような経言がないのは上・上だけであります。

わが国の一昨年の調査では、みずから命を絶つ人が三万人を越えたといわれています。四千人に一人の割合で自死されていることになりますが、多いといえば多いと思いますが四千分の一といえば例外中の例外といってもよいでしょう。

殆んどの人は死をいやだと思っても**『命、終る時に臨む』**ことは定まったことでありますので違和感はないのですが**『命、終らんと欲《ほっ》する時』**という経言は**『欲《ほっ》する』**という文言が仲々なじめませんでした。『浄土真宗聖典（註釈版）』では**『命《いのち》終《おわ》らんとするとき』**となっていまして、適切な読み方だと思います。**『欲』**という文字は、単なる未来を意味する場合もあると漢和辞典にあるのですから、**『命、終る時に臨んで（中・上、下・下）』**と同じ意味とみてよいのでしょう。

この明るさ

ずっと昔、竜大の福嶋寛隆師が「教化とか伝道といっても、つまりは穢土感の喚起の他にはないのではないか。この世は徹底して救いがたい世であることを伝える他にないと思う」という意味のこと申された言葉が、いまだ心に残っています。教義的には機の深信を申されたのでありましょう。

しかし現実的には、そうとはならず、単なる厭世感をつのらせるばかりだったと僧侶になって半世紀、ふりかえって思ってしまうのです。云いかえますと暗い顔の人ばかりが集まってしまったという思いが深いのです。逆にある宗教のように明るい面ばかりを強調されるのも胡散《うさん》くさいが、陰気な表情ばかりというのも、どうかと思うのです。

親鸞さまは「歓喜《かんぎ》」と「慶喜《きょうき》」とのちがいを晩年によく申されたようです（聖

典七一二頁・唯信鈔文意、全六七八頁・一多証文、全六八四〜六八五頁）が、このあたりに鍵があるように思っています。

最近、俳句の師であります大山安太郎先生（福岡在）の句に次のようなのがありました。

弥陀佛と共に除夜過ぐこの明るさ

批評する力もありませんが、除夜の闇と弥陀佛の光のコントラストの中で、下五の「この明るさ」の字あまりが何とも力強くて感銘した一句ですので紹介させてもらいました。

そこで思うのですが、観経をここまで学んできまして、私に欠落しているのは願生心であることを痛感しています。生の根元を願求する心をわが意識の中にいかに喚び起すか、ですね。上品下生に移ります。

上品下生

『上品下生とは（第一段）、
①亦因果《またいんが》を信《しん》じ②大乗《だいじょう》を謗《そし》らず。③但無上道心《ただむじょうどうしん》を発《おこ》す（第二段）。
此《こ》の功徳《くどく》を以《も》って回向《えこう》して極楽国《ごくらくこく》に生《しょう》ぜんと願求《がんぐ》す（第三段）。』

今まで上品上生の行者は①慈心にし殺さず諸の戒行を具《そな》う。②大乗方等の経典を読誦す。③六念を修行するという三種の行を実践する、いわば理想的な行者でありました。しかし、上品中生の行者になりますと①必ずしも大乗方等経典を受持し読誦することはできぬにしても、②その義趣《ぎしゅ》は領解《りょうげ》することはできて、第一義に出会っても心が驚動することなく、③因果を深信して、大乗を謗《そし》ることもなく④上・上で説かれる三種の行のうち一種または二種でも行ずることのできる機類でありました。いわゆる上・中の機類は大乗次善の相を説かれたものでありました。

そこには上・上たらんとつとめるなかで、行者自身の身の程を知れば知るほど上・上の機類たりえない身が明らかになって行き、上品中生の道が開かれたのでありました。

しかるに今から学びます上品下生の機類は大乗下善の凡夫の往生の相を説くと善導さまが申されているように、大乗の縁に出遇った機類として①亦《また》、因果を信じ②大乗を謗《そし》らずということは当然のことでありますが、上・上にありました三つの行も消え、上・中にありました方等経典の義趣を善く解《さと》るということもなくなり、因果を深信することも単に因果を信ずと説かれることにとどまっているのです。残っているのは③**『但《ただ》、無上道心《むじょうどうしん》を発《おこ》す』**ということだけなのです。

『無上道心』とは無上なる菩提心であります。佛たらんとする志です。佛とは、インドの言葉ではブッダ（Buddha）といい、中国では「覚」という。「自覚《じかく》・覚《かく》他《た》・覚行窮満《かくぎょうぐうまん》、これを佛《ぶつ》という（七祖・三〇一頁・意訳）」と善導さまは申されます。

自覚だけに止まらない、大乗の縁にあった機類であるかぎり、万人の覚醒《かくせい》をもうながすのが無上道心といわれるものであります。

だが、この世においては成佛して覚他・覚行窮満はかなわぬけれども、この『無上道心』といわれる精神だけは失わず持続して、その行の功徳をもって佛のほうへ回向して浄土へ往生しようと願う機類を上品下生というのです。上品下生においては、ただひたすら『無上道心を発《おこ》す』というのが上・下の唯一の道であります。

第四段に移ります。

①『行者命終《ぎょうじゃいのちおわ》らんとする時《とき》に、②阿弥陀佛《あみだぶつ》、③及《およ》び観世音《かんぜおん》・大勢至《だいせいし》、諸《もろもろ》の眷属《けんぞく》と金蓮華《こんれんげ》を持《も》たしめて五百《ごひゃく》の化佛《けぶつ》を化作《けさ》して此《こ》の人《ひと》を来迎《らいこう》したまふ。④五百《ごひゃく》の化佛《けぶつ》は一時《いちじ》に手《みて》を授《さず》けて讃《ほ》めて言《のたまわ》く、⑤〝法子《ほうし》、汝《なんじ》いま清浄《しょうじょう》にして無上道心《むじょうどうしん》を発《おこ》せり。⑥我《わ》れ来《きた》りて汝《なんぢ》を迎《むか》ふ〟と。⑦此《こ》の事《じ》を見《み》る時《とき》、即《すなは》ち自《みづか》ら身《み》を見《み》れば金蓮華《こんれんげ》に坐《ざ》す。坐《ざ》し已《おわ》れば華《はな》は合《がっ》す。⑧世尊《せそん》の後《しりえ》に随《したが》ひて、⑨即《すなは》ち七宝《しっぽう》の池《いけ》の中《なか》に往生《おうじょう》す

ることを得《う》。（第四段）』

『金蓮華』

善導さまは、この第四段を「十一門」の第九門「臨終《りんじゅう》に聖《しょう》、来《きた》りて迎接《こうしょう》したまふと、去事《こじ》の遅疾《ちしつ》とを明《あ》かす（七祖四七九）」と解説されています。つまり、ここでは二つの事柄がのべられているのです。

一には聖者がたが行者の命が終らんとするとき、黄金の蓮華をもってあらわれてくださり、行者を迎えに来てくださるのです。

そして、その五百人の化佛がたが同時に千本の手を行者に授けられて讃めたたえて「佛弟子よ、あなたは清らかな無上道心をおこされました。われらはここに来て、あなたを迎えるのです」と。

五百人の化佛ですから、そのみ手の数は千本です。千手観音とは、よくぞ名づけられた名称ですね。上・上では『**無数《むすう》の化佛方《けぶつがた》**』でしたし、上・中では『**千《せん》の化佛《けぶつ》**』でしたが、ここでは『**五百《ごひゃく》の化佛《けぶつ》**』になっています。

二つめの事柄とは『**此《こ》の事《じ》を見《み》る時《とき》**』とは、聖者がたの来迎したまうありさまを見て、行者自身をふりかえって見たら、いつのまにか『金蓮華』の上に坐っていたということですね。

ここは行者が如何に感動したかを、われわれはしっかと読みとらねばならぬところでしょう。『**此の事を見る時、即ち**』ですからね。そこに時間の経過はないのですからね。上・中にも『**行者《ぎょうじゃ》、自《みづか》らを見《み》れば**（聖典一〇九頁）』という経言がありましたが、ここでは『**即ち**』が加えられています。この即ちは間髪を入れず、同時にという意味が強調されているのです。あの法の深信の善導さまの「彼《か》の願力《がんりき》に乗《じょう》じて（七祖四五七頁）」とありますが、私は「彼の四十八願は、疑いなく慮《おもんぱかり》なく乗《じょう》彼《ひ》願力《がんりき》、衆生を摂受《しょうじゅ》したまいて定《さだ》んで往生を得」と読んでいます。行者が自分で乗ったのではないでしょ。乗っている自分を見たのです。

行者は、『**ただ無上道心を発す**』ことだけは忘れずに、この世を尽してきた、しかしまさか自分がこのようなみごとな『**金蓮華**』に坐れるなど思いもしなかった、それなのに今こうして『**金蓮華**』の上にある、この感動です。重ねていいます。われわれはこの感動を共有しなければならない、『**即ち**』の意味を読みとらねばならないと思います。

上・下では『**亦、因果を信ず**』とあるだけで『**因果を深信す**』ではなかったのでした。「十一門」の第六門を見てください。「受法の不同」のところです。だから上・中にくらべて上・下の行者の感動も想像できると思います。上・下の因果は、いわば世法の因果でしょ。ところが上・中の因果を深信するというのは『**よく義趣を解《さと》り、第一義に於て心驚動せず**』といわれるように、行者は心のなかで佛法の因果を深信していま

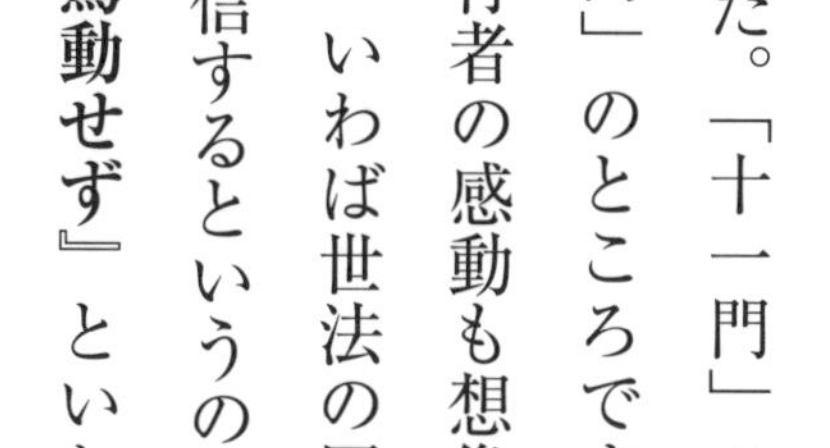

すから『**紫金《しこん》の台《うてな》に坐《ざ》せり**』とあっても、上・下のような感動はなかったのではないかと思われるのです。

佛法の因果とは、たとえば「彼《か》の佛願《ぶつがん》に順《じゅん》ずるが故《ゆゑ》に（七祖四六三頁）」というがごとき因果ですね。なぜ「弥陀の名号を」念ずることが「正定の業と名づ」けられるのか、世法の因果律では不可解でしょ。「彼の佛願に順ずるが故に」「正定の業と名づく」。このような因果を「深信」というのではないでしょうか。古来、「弥陀法」という言葉で伝承されてきたものでしょうね。とても便利な言葉ですが、このような言葉は、えてして教の学びをストップさせてしまうものですから注意が肝要ですね。

行者が坐りおわると金蓮華の華びらが閉じてしまい、行者はその中に包まれてしまうとあります。勢至観で学びました『**胞胎《ほうたい》**』です。母の胎内に住むようなもので浄土に生れながら浄土を見ることができず、阿弥陀佛にももちろん見《まみ》えることができないのです。そして行者は金蓮華に包みこまれたまま七宝の池の中に往生するのです。次が第五段です。

『一日一夜《いちにちいちや》にして蓮華《れんげ》、乃《すなは》ち開《ひら》く』

善導さまは、この第五段以下を「十一門」の中の第十門で浄土に至って華が開く時節の不同（ちがい）を明したところだと申されています（七祖四八〇頁意）。上・上は『弾指《だんし》の頃《あいだ》』でしたし、上・中では『宿《しゅく》を経《へ》て則《すなわ》ち開《ひら》く』つまり一晩かかったというのでした。時間の経過がありますから『則ち』です。ところが上・下では『一日一夜』というのですから一昼夜です。まるまる二十四時間です。ここの「すなわち」は『乃ち』ですね。第六段にまいります。

『七日《しちにち》の中《うち》に乃《すなは》ち佛《ぶつ》を見《み》たてまつることを得《う》。佛身《ぶっしん》を見《み》たてまつるといへども、衆《もろもろ》の相好《そうごう》に於《お》いて、心《しん》、明了《みょうりょう》ならず。三七日《さんしちにち》の後《のち》に於《お》いて、乃《すなは》ち了了《りょうりょう》に見《み》たてまつる。衆《もろもろ》の音声《おんじょう》を聞《き》くに、皆《みな》妙法《みょうほう》を演《の》ぶ』

これが第六段ですが、善導さまは、この経文を「十一門」のうちの第十一門、華が開いたあとの得益《とくやく》の不同を明したところだと申されています。利益《りやく》のちがいですね。

一日一夜のあと華は開いて、七日の中に佛身を眼前に見るには見るのだが、あまたの相や好（微細な姿）があまりにも細密であるため、見えるけれども心に明了ではないのです。相は見えても細部な好が明了でないということもありましょうし、細部の好は見えても全体の相を見おとしてしまうこともありましょう。例えば森は見えても一本一本の樹木がはっきりしなかったり、逆に一本一本の樹木ばかりを見て森全体を総覧することができないということもあるわけです。

それでも三七、二十一日を経て明瞭に見ることができるといわれるのです。

時の恵み

このように華が開くについて九品それぞれ差別があるのです。下・下などになりますと、**『蓮華《れんげ》の中《なか》にして十二大劫《じゅうにだいこう》を満《み》てて、蓮華《れんげ》、方《まさ》に開《ひら》く**（聖典一一六頁）**』**

とあります。上・下では二十一日ですから三週間かかるのですね。

ところが金子大栄師の『観経講話（四一一頁から四一四頁）』には次のように申されていました。

「ここに私は〝時〟の恵みというものを思ふのであります……上品下生は三週間かかることがありがたいのである。また下品へ行くと長いあいだ華に包まれているといふ。それがありがたいのである。長いあいだ華に包まれているのは、一方から言へば罪によるのでありましょう。こちらの罪ゆえに、障りゆえに眼が開かぬのでありませう。けれどもその障りの多い者、眼の開けないものをじっと三週間でも五週間でも、長い間それの開けるまで、そこに置いて下さるのである。かう考へれば長い間、開けないということは、一方から言へば往生人の罪でありますけれども、一方から言へばそこに浄土の恵みというものは如何に広大であるかということを現はすのであって、ここでは差別の上に流れこんでいるところの平等の恵みということを思はずにをれないのであります」と。

真身観では『**身《しん》の諸《もろもろ》の毛孔《もうく》より光明《こうみょう》を演出《えんすい》す**（聖典一〇一～一〇二頁）』とありました。だからでしょうか、佛法は毛孔から入ると昔からいわれています。居眠りしていても毛孔から入る、眠ってもいいとまでは申しませんが、まさに仏法は身でいただくものでありましょう。説法はまず石にむかって説けと教えられたことがありました。石だって聞いてくれるものであります。見えるはずもない、言ってもわかるはずもない生れたばかりの赤ちゃんも、親の愛を身に受けて育っていくのです。悲心無尽なれば、きっと見えてくる。諸佛の『**音声《おんじょう》を聞《き》くに皆《みな》、妙《たえ》なる法《ほう》を演《の》**』べられているのが聞こえてくる。その心を金子師は「時の恵み」と申されたのでありましょう。師は詩人ですね。次です。

『**十方《じっぽう》に遊歴《ゆうりゃく》して諸佛《しょぶつ》を供養《くよう》す。諸佛《しょぶつ》の前《みまえ》に於《おい》て甚深《じんじん》の法《ほう》を聞《き》く。三小劫《さんしょうこう》を経《へ》て百法明門《ひゃっぽうみょうもん》を得《え》、歓喜地《かんぎじ》に住《じゅう》す**（第七段）』

善導さまの解説によりますとこの第七段を「他方《たほう》の得益《とくやく》を明《あ》かす、また後益《ごやく》と名《な》づく（七祖四八〇頁）」と申されています。他方の得益とは極楽浄土以外の諸佛の世界で得る利益であり、後益とは極楽浄土に往生した後に得る利益であります。イスラム教の世界があり、キリスト教の世界もありましょう、無神論の世界等、いろいろの世界から受ける利益も知ることができるでありましょう。それらによって阿弥陀佛の教えによって受ける利益が益々明らかになってくる、しかして『**三小劫《しょうこう》を経《へ》て百法明門《ひゃっぽうみょうもん》を得《え》**』ることができるのです。

『**百法明門**』とは「百の真理に通ずる智慧。百法において明了に知ることのできる智慧門。菩薩の初地に得る初歓喜地をいう（仏教語大辞典・中村元）」とあります。『**百**』は満数です。十・百・千・万等を満数といいます。七も満数です。川柳などでは百は千・万よりも勝れた満数といわれています。例えば『**特《こと》に此《こ》の経《きょう》を留《とど》めて止住《しじゅう》すること百歳《ひゃくさい》せん**（聖典八二頁・大経）』と。この『**百歳**』は永遠を意味する満数です。金子大栄師は、この『**百歳**』を「わが全生涯」とご自分の身に受けて受取られました、「生きるかぎり」と読まれたのです。

一人して行け

この第七段を読みますとき思われますのは、伝道の旅に立つ弟子がたに向って申された釈尊の言葉です。「一人して行け、二人して行くな」です。仏陀釈尊の教団から離れて行くのですから、この経文でいうなら『**十方《じっぽう》に遊歴《ゆりゃく》して諸佛《しょぶつ》を供養《くよう》し諸佛《しょぶつ》の前《みまえ》に於《おい》て甚深《じんじん》の法《ほう》を聞《き》**』けよ、ということですよね。そこで泣き佛、怒り佛、愚痴佛、非難佛に会ってきなさい、それも一人で…ということですね。佛陀釈尊の時代に合せて申せば六師外道のところへ一人して行け、でしょ。そこへ行って、「汝の無上道心を問いなおしてこい」といわれているように私には聞こえます。

なが年、半世紀のあいだ寺をあずかってきました。自戒をこめて云うのですが、一人ひとりバラバラになるのが心細いのです。寺を中核として、ある意味で信仰共同体というのでしょうか、そんな集りを創ろうとしてきました。僧伽《さんが》共同体の創造とか粋《いき》がりましてね。

それが全く無意味であり、まちがっていたとは思いませんが、そこに集《つど》う一人ひとりがその集いを越えるといいますか、一人して立つという根拠を持たないかぎり、ついには単なる世俗的・名利的集団になってしまうのではないか。『十方**に遊歴して諸佛を供養し諸佛の前に於て甚深の法を聞き**』問い、説くことは、とっても強い意志と勇気を必要とすることだと思うのです。僧伽にあって同時に僧伽を越える根っこを持つことの大事さです。

「つくべき縁《えん》あればともなひ、離《はな》るべき縁《えん》あればはなるることのある（聖典八三五頁・歎異抄）」といわれるこのことは信仰共同体にとっても例外ではないのです。一人ひとりが「一人《いちにん》（仝）」の共同体という根拠を持つことの大事さです。云いかえれば、信仰共同体における同朋にして、しかもその共同体から解放された「一《いち》人《にん》」という根拠を持っていること。

他の宗教々団を裁くつもりはありませんが、外にむかえば極めて排他的な暴力集団になり、内にむかえば何百人も一緒に集団自殺することにもなる、他人事ではないですね。

「われわれ」でもなく、さればといって「われ」でもない、いつも申します「われら」ですね。第一人称複数でもなければ、第一人称単数でもない、「つくべき縁あればともなふ（聖典八三五頁・歎異抄）」われわれと、「はなるべき縁あれば離るる」われわれを同時に具有《ぐゆう》する「われら」が、一人ひとりのなかに確立された名告《なの》りが「親鸞一人（聖典八五三頁）」なのです。

親鸞さまの言葉をほかに申せば「石・瓦・礫《つぶて》のごとくなるわれら」であり「他力の悲願はかくのごときわれら」であり「煩悩具足のとおおせられたるわれら」です。信心の社会性はどこにおいて成立するのか、その明確なる根拠のひとつは、この「われら」にあるのではないですか。友人は混在と教えてくれましたが、最近は共生という言葉が流行していますが賛成しかねます。広瀬杲師は「響存《きょうぞん》」と。

これは共感できます。

ここにおいて『三小劫を経て百法明門を得、歓喜地に住す』ということが現成するのであります。次が第八段です。

『名づく』

『是れを上品下生《じょうぼんげしょう》の者《もの》と名《な》づく。是《こ》れを上輩生想《じょうはいしょうそう》と名《な》づけ、第十四観《かん》と名《な》づく（第八段）』

以上でもって上・下を終り、上・上、上・中、上・下をあわせて『**上輩生想**』と名づけ定善の十三観に続けて『**第十四観**』と名づけるのだと申されているのです。

上品の三種はみな大乗に縁のあった人々ですから、すぐれた輩《ともがら》の意味で『**上輩**』といわれ、それらの人々が浄土へ往生するための行業が説かれていますので『**生想**』と名づけられたのです。それも、上生・中生・下生と分けられたのは、その行業に差別があったからです。そして、それらの人々も定善十三観で説かれた阿弥陀佛の極楽浄土に生れて往く点においては同じですから、定善十三観になぞらえて『**第十四観**』と名づけられたのですね。まあ、この第八段の経文の意味は、そのようなことでありましょう。

『**名づく**』という経言が、この第八段だけでも三回もでてきましたので、先きにも申しました阿弥陀経のことばですね。あの『**その佛国土《ぶっこくど》にはなほ三悪道《さんまくどう》の名《な》すら無《な》し。何《いか》に況《いわ》んや実《じつ》あらんや**（聖典一二三頁）』といわれている経文です。

これは、もはや学んだことですが、日常の常識からいったら逆です。実体があって名がでてくる、しかし経文では名がないのだから実体（と思われているもの）があるはずがないといわれているのです。

たとえば念佛です。もっとはっきり申して称名です。われわれは佛という実体があって、その実体である阿弥陀佛が、われわれにむかって「南無阿弥陀佛を称《とな》えよ」と申されていると考えたらまちがいです。佛という実体があって、それに名づけられたのが南無阿弥陀佛だと。そうではないのです。名号のほかに阿弥陀佛という実体はないのです。実体ということばを使うなら南無阿弥陀佛が実体です。「即《すなは》ち佛《ぶつ》の名号《みょうごう》をもって経《きょう》の体《たい》と為《す》るなり（聖典一三五頁）」といわれる所以です。よって南無阿弥陀佛とは体であり相であり用（智慧・慈悲）です。

そういえば『**名づける**』という経言は、第一日想観から定散二善を貫ぬいて第十六観まで、すべて『**名づく**』といわれています。全十六観にわたって『**名づく**』という経言がありますね。

もともと佛教で観法というのは、対象のない観（理観）であって『佛教語

大辞典―中村元』によれば「心に真理を観じ念ずる瞑想の実験修行法であって具体的、可視的な事《じ》を対象とせず、法を観想する」ことであるといわれます。

その意味において、定善は「息慮凝心」といわれるように、もともと観経のように事《じ》を観察するような、殊に善導さまが指方立相といわれるような観法ではないのであって、定善を浄土門佛教が依正二報の観法へと転換させたのです。同様に「廃悪修善」といわれる散善を浄土往生への行と転換させたのが浄土門佛教なのです。

事と理、そして想

そのような観点からいいますと、観経における定善観は可視的・具象的な依正二報を観ずる教説でありますから、どうしても極楽浄土を実体的に観察し、散善観もおなじように可視的・具象的な極楽浄土へ命終して往生する教相であります。

極端にいえば荒唐無稽《こうとうむけい》な絵空《えそら》ごとと考えられ揶揄《やゆ》される面があるのは当然のこととも考えられるのであります。その点、善導さまの指方立相の教相は理によらず事に依るものでありますために、ことに近代以降、人間の理性による科学の発達は、このような指方立相の教相を軽視し否定する傾向にあることは一面において否定できないことと考えられます。

しかしながら、その反面、指方立相の教理は具体的であり可視的であることから理解しやすい法門としての長所もあるわけです。日想観・水想観・地想観・宝樹観・宝池観・宝楼観・華座観など自然環境から観想して行くものですし、佛の観想にしましても三十二相八十随形好といわれるように、理によらず事に立った教相から真身観へ入って行って『**佛心《ぶっしん》とは大慈悲《だいじひ》これなり**』と結論づけられ、さらに、その慈悲・智慧は、また観音観・勢至観によって再び具象化されつつ慈悲・智慧の阿弥陀佛の佛心がより深く説かれていくのです。そして、以上の十一観が単なる観察の対象にとどまらず、行者みずからが観察した浄土へと往生していく普観《ふかん》＝自往生観《じおうじょうかん》にまで説《と》きすすめられ、行者の今まで観察してきた機類に応じて如来は行者の意の如く行者に添いながら如来の意の如く行者を誘引して行く雑想観をもって定善を結ばれているのです。

あらためて、ふりかえってみますと定善十三観はもちろん、散善三観にもすべて観名に『**想**』という文字が付いていることを思い出してほしい。わずらわしいですが二・三例をあげましょう。

『これを日想とし～初観という』『これを八功徳水想とし第五観と名づく』『これを普観想とし第十二観と名づく』…このようにみんな『**想**』という文字が入っているのです。

『**想**』は「おしはかる」「心のうちに思いうかべる」の意。『**相**』はものの形。形状。念入りに見るの意、と『角川漢和辞典』にありました。

私見にすぎませんが、事《じ》から入って行って事《じ》に固執することから免《まぬか》れているのは『**想**』という文字が使われているからではないでしょうか。『**観**』による対象への執着から離れる役割をもっているのが『想』ではないかと思うのです。事《じ》と理《り》が不二であることを成り立たせる要因・要素の役割をもつのが『想』なのでしょう。

このことは散善三観に入っても変らないのです。『**これを上輩生想と名づけ第十四観と名づく**（聖典 一一二頁）』以下『**中輩生想…**』『**下輩生想**』と名づけられ、第十五・第十六観と名づけられています。殊に散善における第十四〜第十六観は、定善の十三観のように直接依正を観察するものではありませんので『**観想**』といっても『**観**』より『**想**』に近い概念だと思います。『**行**』といったほうがいい概念ですね。ですから、先きほども申しましたように散善でのナンバーリングは定善十三観になぞらへて第十四・十五・十六と名づけられたものと考えます。

散善は、行者自身の宗教心、観経に即していえば願往生心《がんおうじょうしん》ですね。その歩みを明らかにしていくものだと思います。あえて云いますなら行者自身の願往生心の歩みが次々と暴露されていくものです。重ねていいますが機類が九品あるというよりも一人の行者の願往生心とその現われである行が次々と暴露されて行く過程が述べられているわけです。

最後に『往生礼讃（七祖七〇三頁）』に上・上から上・下までの上輩の人びとを讃嘆した偈文がありますので、それを読んで今回は終ることにいたします。

「上輩《じょうはい》は上行上根《じょうぎょうじょうこん》の人なり。
浄土《じょうど》に生《しょう》ずることを求《もと》めて貪瞋《とんじん》を断《だん》ず。
行《ぎょう》の差別《しゃべつ》につきて三品《ぼん》を分《わか》つ。
五（念）門《もん》、相続《そうぞく》して三因《いん》を助《たす》く。
一日《にち》七日《にち》もっぱら精進《しょうじん》して
畢命《ひつみょう》に台《だい》に乗《じょう》じて六塵《じん》を出《い》づ。
慶《よろこ》ばしき哉《かな》、逢《あ》ひ難《がた》くして今遇《いまあ》うことを得《え》たり。
永《なが》く無為《むい》法性《ほうしょう》の身《しん》を証《しょう》せん。」

◎五念門＝礼拝・讃嘆・作願・観察・回向

◎三因＝三心（至誠心・深心・回向発願心）
◎六塵＝六根（眼・耳・鼻・舌・身・意）のはたらきによって六根そのものがけがされるので塵《ちり》にたとえて六塵という。

十一門（上・上）	まず上品上生の位の中につきて、また先づ挙げ次に弁じ後に結す。即ちその十二あり。	
	経文	疏文
1 総じて佛の告命を明す	（一）佛、阿難及び韋提希に告げたまはく	「佛告阿難」より以下は即ち～告命を明かす。
2 位の弁定	（二）上品上生というは	その位を弁定す。これ即ち大乗の上善を修学する凡夫人なり。
3 総じて有縁の類を挙ぐ	（三）若し衆生ありて彼の国に生ぜんと願ずる者は三種の心を発して即便往生す。	正しく総じて有生の類を挙ぐ。四あり。一に能信の人。二に往生を求願す。三に発心の多少。四に得生の益を明かす。
4 三心を弁定してもって正因となす	（四）何等をか三とする。一には至誠心、二には深心、三には回向発願心なり。三心を具する者は必ず彼の国に生ず。	正しく三心を弁定してもって正因となす。二あり。一に世尊機に随いて益を顕し給う事、意密にして知り難《がた》し。佛、自ら問い自ら徴《あらわ》し給うにあらずは解《げ》するに由《よし》なし。二に釈尊、還《かえ》り自ら前の三心の数を答えたもう。（三心釈は省略）
5 機の堪と不堪とを簡ぶ	（五）復、三種の衆生有りて、当に往生を得べし。	以下は正しく機のよく法を挙《う》け、教によりて修行するに堪《た》えたるを簡《えら》ぶ。
6 受法の不同を明かす	（六）何等をか三とする。①一には慈にして殺さず、諸の戒行を具す。②二には大乗方等経典を読誦す。③三には六念を修行す。	①に慈心不殺。然るに殺業に多種あり。（略）②に読誦大乗。（略）③に修行六念。所謂《いわゆる》仏・法・僧を念じ、戒・捨・天等を念ず。（略）

No.1

7	所修の行を回して願生	（七）回向発願して彼の国に生ぜんと願ず。	正しく各々前の所修の業を回して所求の処に向かうことを明す。
8	修業の延促を明かす	（八）此の功徳を具すこと一日乃至七日に即ち往生を得。	正しく修行の時節の延促《えんそく》を明かす。（跨節《こせつ》の義）
9	命終の時の聖来たりて迎接したまう不同と去時の遅疾を明かす	（九）①彼の国に生ずる時、②この人、精進勇猛なるが故に③阿弥陀如来④観世音・大勢至・無数の化佛・百千の比丘・声聞大衆・無数の諸天・⑤七宝宮殿と与《とも》にし⑥観世音菩薩、金剛台を執《と》り大勢至菩薩と行者の前に至る。⑦阿弥陀佛、大光明を放ち行者の身を照し⑧諸《もろもろ》の菩薩と授手迎接す。⑨観世音・大勢至・無数の菩薩と行者を讃嘆し其の心を観進す。⑩行者見已《おわ》りて歓喜踊躍して自ら其の身を見れば金剛台《うてな》に乗ぜり⑪佛の後に随従して弾指の頃《あいだ》の如くに彼の国に往生す。	①帰の国を標定す。②重ねて其の行を顕し決定精勤の者を指し出し、亦功徳の強弱《ごうにゃく》を校量《きょうりょう》す。③弥陀、身自ら来赴《らいふ》す。④諸菩薩・大衆等みな弥陀に従い来迎す。⑤宝宮殿も従う。⑥重ねて二菩薩、金剛台を執りて行者の前に至る。⑦弥陀光を放ちて行者の身を照らす。⑧化佛等、同時に手を接す。⑨金剛台に昇《のぼ》らしめて二菩薩同声に行者の心を讃勧す。⑩自ら見れば行者金台に乗じ佛に従う。⑪正しく去時の遅疾を明す。
10	開華の遅疾	（十）彼の国に生じ已《おわ》わりて、	（十）以下は正しく金台かしこに到りて更に華合の障《さわり》なきを明《あか》す。
11	開華後の得益の異なるを明す	（十一）佛の色身の衆相具足せるを見、諸の菩薩の色相具足せるを見る。光明の宝林、妙法を演説す。聞き已《おわ》りて即ち無生法忍を悟《さと》る。須臾の頃を經て諸佛に歴事《りゃくじ》し、十方界に遍じて、諸佛の前において次第に授記せらる。本国に還り到りて無量百千の阿羅尼門を得。	正しく金台に到りて後の得益の不同を明す。①はじめて妙法を聞きて即ち無生を悟る。②須臾に歴事して次第に授記せらる。③本国・他方にしてさらに聞持の二益を証す。
	結語	（十二）これを上品上生の者と名づく。	総じて結す。上来十二句の不同ありといえども、広く上品上生の義を解しをはりぬ。

次に上品中生の位のなかにつきて、また先づ挙げ、次に弁じ、後に結す。即ちその八あり。

十一門	（上・中）	経文	疏文
1	仏の告命	なし（省略）	なし（省略）
2	総じて位の名を挙ぐ	（一）上品中生というは	「上品中生者」より以下は、総じて位の名を挙ぐ。即ちこれ大乗次善の凡夫人なり。
6 7 8	受法の不同 行を回して願生 修行の延促を明す	（二）①かならずしも方等経典を受持し読誦せざれども②善く義趣を解《さと》り第一義に於て心、驚動せず③因果を深信し大乗を謗《そし》らず。④この功徳をもって回向して極楽国に生ぜんと願求す。	まさしく第六・第七・第八門の中の所修の業を回して、西方を定め指すことを明かす。即ちその四あり。①受法不定にして或いは読誦を得、読誦を得ざることあり。②よく大乗の空の義を解《げ》す。諸法は一切空にして生死・無為もまた空なり。（略）六道・三賢・十聖等、もしその体性に望むれば畢竟じて不二なりと聴聞す。（略）③苦楽二種の因果を信じ（略）道理に疑謗を生ぜず。これ行福の第二（深信因果）第三（読誦大乗）＝聖典92頁に合す。④前の所業を回して所帰を標指することを明かす。
9	命終の時の聖来たりて迎接の不同	（三）この行を行ずる者、①命終らんとするとき②阿弥陀佛は観世音・大勢至・無量の大衆と眷属に囲繞せられ、③紫金の台《うてな》を持たしめて行者の前に至る。④讃じていはく〈法子、汝大乗を行じ第一義を解《さと》る⑤故に我いま来りて汝を迎接す〉と。	正しく弥陀、諸の聖衆と台を持して来迎したまうを明かす。①行者の命延久しからず②弥陀・衆、自ら来り給う。③持者、台を持して行者の前に至る。④佛、聖聚と同声に讃嘆して〔行者の〕本所修の業を述べ給うことを明かす。⑤佛、行者の疑をいだくことを恐れ給うが故に「我、来りて汝を迎う」とのべたもうことを明かす。

No.2

		（四）①千の化佛と一時に授手す。②行者、自ら見れば紫金台に坐せり。③合掌叉手して諸佛を讃歎す。④一念の頃《あいだ》の如くに即ち⑤彼の国の七宝池中に生ず。	正しく第九門の衆聖の授手と去時の遅疾を明す。即ち五あり。 ①弥陀、千の化佛と同時に授手し給うを明かす ②授手を蒙《こうむ》りて即ち自ら身を見れば既に身、紫金台に坐す。 ③既に自ら台に坐すを見て合掌に弥陀等の衆を讃ず。 ④正しく去事の遅疾を明かす ⑤彼の国に到りて宝池に止住することを明かす。
10	開華の遅疾を明かす	（五）この紫金の台は大宝華のごとし。宿を経て則ち開く。行者の身は紫磨金色になれり。足の下にまた七宝の蓮華あり。	正しく第十門のなかの、彼国に到りて華開くる時節の不同を明かす。行、強きによるがゆえに上・上は即ち金剛台を得。行劣なるがゆえに上・中は即ち紫金台を得。〔浄土に〕生じて宝池にありて宿を経て開くるがごとし。
11	開華の後の得後の異なるを明かす	（六）①佛および菩薩・倶時《くじ》に光明を放ちて行者の身を照らしたまうに②目即ち開けて明らかなり。③前に宿習によりて、あまねく〔浄土の〕諸の声を聞くに、もっぱら甚深の第一義諦を説く。④即ち金台より下りて、佛を礼し合掌して世尊を讃歎す。⑤七日を経て、時に応じて即ち阿耨多羅三藐三菩提において不退転を得。 （七）①時に応じて即ちよく飛行して②遍く十方に至り諸佛に歴事す。③諸佛の所にして諸の三昧を修す。④一小劫を経て無生忍を得、⑤現前に授記せらる。	正しく十一門の中の第十一門の華開以後の得益の不同を明す。即ちその五あり。 ①佛光、身を照らすことを明かす。 ②行者すでに体を照らすことを蒙りて、目即ち開明なり。 ③人中にして習へるところ、かしこに到りて衆声の彰すところとなり、またその法を聞くことを明かす。 ④すでに眼開けて法を聞くことを得て、即ち金台より下り親しく佛辺に到りて、歌揚して徳を讃ずることを明かす。 ⑤時を経ること七日にして即ち無生を得。一念須臾の頃《あいだ》なり。 正しく他方の得益を明す。即ちその五あり。 ①身十方に至ることを明かす。 ②一々に諸佛を歴供することを明かす。 ③多くの三昧を修することを明かす。 ④延時の得忍を明かす。 ⑤一々の佛辺にして現に授記を蒙ることを明かす。
結語		（八）これを上品中生の者と名づく。	総じて結す。上来八句の不同ありといえども、広く上品中生を解《げ》し竟《おわ》んぬ。※第三・四・五門は上・中、上・下では省略。

次に上品下生の位のなかにつきて、また先づ挙げ、次に弁じ、後に結す。即ちその八あり。

十一門	（上・下）	経文	疏文
1	仏の告命	なし（省略）	なし（省略）
2	総じて位の名を挙ぐ	（一）上品下生というは	「上品下生者」より以下は、総じて位の名を挙《あ》ぐ。即ちこれ大乗下善の凡夫人なり
6	受法の不同を明かす	（二）①亦《また》、因果を信じ、②大乗を謗《そし》らず③ただ無上道心を発す。（発菩提心）	まさしく第六門の中の、受法の不同を明かす。即ちその三あり。 ①所信の因果の不定なることを明かす。或いは信じ信ぜず。故に名づけて「亦《また》」となす。或いは上・中の深信に同じかるべし。また信ずとも深からず。善心数々《しばしば》退し悪法数々起る。深信せざるによりてなり。もし生死の苦を深信すれば重ねて犯さず。 ②信、間断すとも一切の大乗を疑謗せず。疑謗を起さば、千佛、身を繞《めぐ》り給うとも救うべきに由《よし》なし。 ③以上の諸善また功なきに似《に》たり。唯《ただ》一念を発《おこ》して苦を厭《いと》い諸佛の境界に生じ速《すみや》かに菩薩の願行を満《み》てて、生死に還り入りて遍《あまね》く衆生を度《ど》せんと楽う。故に発菩提心（聖92頁）と名づく。
8	回向願生	（三）この功徳をもって回向して極楽国に生ぜんと願求《がんぐ》す。	まさしく第八門（所修の行を回して弥陀国に生ぜんと願ず＝七祖453頁）の中の前の正行を回して所求の処に向かうを明す。

No.3

9	聖の来迎と去時の遅疾を明かす	（四）①行者命終らんとする時に②阿弥陀佛③および観世音・大勢至は、諸《もろもろ》の眷属とともに金《こがね》の蓮華を持たしめて五百の化佛を化作《けさ》してこの人を来迎す。④五百の化佛は、一時に手を授けて讃《ほ》めてのたまわく⑤〈法子、汝いま清浄にして無上道心を発《おこ》せり。⑥われ来たりて汝を迎う〉と。⑦この事を見るとき即ち自《みずか》ら身を見れば金の蓮華に坐す。坐し已《おわ》れば華合《はながっ》す。⑧世尊の後《しりえ》に随《したが》いて⑨即ち七宝の池の中に往生することを得《う》。	まさしく第九門の中の聖来りて迎接したもうと去時の遅疾とを明かす。即ちその九あり。①命延久しからず。②阿弥陀佛の来迎③化佛、聖聚と金華を持して来迎す。④聖聚、同声して等しく讃ず。⑤行者の罪滅するが故に「清浄」といい、〔行者の〕本所修《ほんしょしゅ》を述ぶるが故に「発無上道心」ということを明かす。⑥行者、霊儀《りょうぎ》（聖の来迎）を観《み》ると雖《いえど》も疑心ありて往生を得ざることを恐る。この故に聖聚同声に告げて「われ来《きた》りて汝を迎う」ということを明かす。⑦すでに告げを蒙《こうむ》り、及び即ち自身を見るに、すでに金華の上に坐して、籠々《ろうろう》として合す。⑧佛身の後に随いて、一念に即ち生ず。⑨彼処《かしこ》に到りて宝池の中にあり
10		（五）一日一夜にして蓮華、乃ち開き、	まさしく第十門の彼処《かしこ》に到りて華開の時節の不同を明かす。
11	華開以後の得益を明かす	（六）七日の中に乃ち佛を見たてまつることを得。佛身を見たてまつると雖ども諸の相好において心明了ならず。三七日の後において乃ち了了に見たてまつる。諸の音声を聞くに皆妙法を演《の》ぶ。 （七）十方に遊歴して諸佛を供養す。諸佛の前《みまえ》にして甚深の法を聞く。三小劫を経て百法明門を得、歓喜地に住す。	まさしく第十一門の中の、華開以後の得益の不同を明かす。 まさしく他方の得益を明かす。また後益《ごやく》（極楽以外の世界で得る利益）と名づく。
	結語	（八）これを上品下生のものと名づく。これを上輩生想と名づけ、第十四の観と名づく」と。	総じて結す。上来八句の不同ありといえども、広く上品下生を解《げ》しおわりぬ。 ※籠《ろう》＝包《つつ》み囲《こ》まれる、ひそむ、おこもり。籠々＝花中に含《ふく》まれるさま

『仏説観無量寿経』科文

『註釈版』頁

（尚、頁は『浄土真宗聖典（註釈版）』によっています）

編集後記

群萌叢書、第二十巻『経言の三心』をお届けいたします。引き続きのご購読ありがとうございます。講読の会も、一九九一年十月に始まって以来、十五年の歳月を経て、二〇〇五年四月、『観無量寿経』の講読を終了することができました。今後は、講読シリーズの出版を完結させるため、事務局としても努力していく所存ですので、読者のみなさまには、引き続きご期待ください。

今回も永田文昌堂永田　悟さまには引き続き出版を快くお引受けいただき、表紙とカットを折口浩三さまにお願いいたしました。ありがとうございました。

（群萌学舎事務局）

「群萌学舎」

◇名　称　・群萌学舎（ぐんもうがくしゃ）

◇目　的　・親鸞聖人の教えに学び、現代社会のかかえている諸問題を考える。

◇活　動　・継続的に聖典を講読していく。（年、数回の講読会をもつ）

・一月下旬　・六月～七月

・講義の内容を冊子にする。

・その他

◇会　員　・趣旨に賛同くださる方。

◇会　費　・維持会員　年間会費　二五、〇〇〇円（年二回の講読料、本各二冊）

・講読の会は随時参加。

◇会　場　・備後教区内の会員のお寺、または適当な会場。

◇会の運営　・世話人と事務局で運営。会計は年一回報告。

◇世話人　季平恵海・不二川公勝・高橋了融・奥村宏道・田坂英俊・季平博昭・小武正教

◇事務局　〒七二二-〇二一五　広島県尾道市美ノ郷町三成五〇〇　法光寺内

（☎〇八四八-四八-〇〇二四／FAX四八-三七二四）

◇出版事務局　〒七二八-〇〇〇三　広島県三次市東河内町二三七　西善寺内（☎／FAX〇八二四六-三-八〇四二）

「群萌学舎」講読の会の歩み

（講師）円日成道師　（内容）『観無量寿経』講読

第１回	1991年10月８～９日	明覚寺（広島県双三郡吉舎町）	『群萌の一人』
第２回	1992年６月２～３日	慶照寺（府中市出口町）	『昔日の因縁』
第３回	1992年10月５～６日	法光寺（尾道市美ノ郷町）	『浄邦の縁熟』
第４回	1993年６月１～２日	MGユースホステル（広島県甲奴郡上下町）	『浄業の機彰』
第５回	1993年10月19～20日	福泉坊（福山市駅家町）	『光台の現国』
第６回	1994年６月１～２日	西善寺（三次市東河内町）	『如来の微笑』
第７回	1994年10月４～５日	本願寺備後会館（福山市東町）	『不遠の弥陀』
第８回	1995年６月１～２日	照善坊（三次市糸井町）	『父母の孝養』
第９回	1995年10月12～13日	慶照寺（府中市出口町）	『浄業の正因』
第10回	1996年６月４～５日	明覚寺（広島県双三郡吉舎町）	『仏語の宣説』
第11回	1996年９月26～27日	法光寺（尾道市美ノ郷町）	『無生の法忍』
第12回	1997年６月５～６日	光永寺（広島県双三郡三和町）	『日没の諦観』
第13回	1998年１月26～27日	本願寺備後会館（福山市東町）	『観地の説法』
第14回	1998年７月15～16日	本願寺備後会館（福山市東町）	『七重の行樹』
第15回	1999年１月25～26日	本願寺備後会館（福山市東町）	『願力の所成』
第16回	1999年９月27～28日	本願寺備後会館（福山市東町）	『仏像の心想』
第17回	2000年１月24～25日	本願寺備後会館（福山市東町）	『念仏の衆生』
第18回	2001年１月22～23日	松乃屋旅館（福山市東町）	『菩薩の妙用』
第19回	2001年７月２～３日	松乃屋旅館（福山市東町）	『神通の如意』
第20回	2002年１月21～22日	松乃屋旅館（福山市東町）	『経言の三心』
第21回	2002年７月４～５日	松乃屋旅館（福山市東町）	
第22回	2003年７月９～10日	本願寺備後会館（福山市東町）	
第23回	2004年４月12～13日	ウェルサンピア福山（福山市）	
第24回	2004年10月４～５日	本願寺備後会館（福山市東町）	
第25回	2005年４月４～５日	本願寺備後会館（福山市東町）	

著者紹介

円日　成道（まどか　じょうどう）
1927年　生まれる
1954年　浄土真宗本願寺派　光円寺（福岡教区福岡組）住職
1999年　退職
　著書　『娑婆に生きて』（教育新潮社）
　　　　『いのちにそむきて』（探究社）
　　　　『終わりなき世に立ちて』（教育新潮社）
　　　　『三つの髻』（本願寺出版社）
　　　　『わたしの立っている所から－自心に建立せよ－』
　　　　　　　　　　　（備後・靖国問題を考える念仏者の会）
　　　　『観無量寿経講読Ⅰ～XIX』（永田文昌堂）
　住所　福岡市中央区天神3丁目12－3

経言の三心　観無量寿経講読XX

2016年6月20日発行

著　者　**円　日　成　道**

発行者　**永　田　　悟**

発行所　**「群萌学舎」出版事務局**
〒728－0003　三次市東河内町237　西善寺内
電話　08246－3－8042

「群萌学舎」事務局
〒722－0215　尾道市美ノ郷町三成500　法光寺内
電話　0848－48－0024

永 田 文 昌 堂
〒600－8342　京都市下京区花屋町西洞院西入
電話　075－371－6651
振替　01020－4－936

印刷　尾道 田中凸版印刷　　ISBN978-4-8162-5520-5 C1015
